AF547028

Selbstregulation spielerisch erlernen

Die schönsten Spiele für eine kreative Förderung der emotionalen Entwicklung und Impulskontrolle im Alltag

im Kindergarten- und Grundschulalter

Lorena Schönfeld

ISBN: 978-3-969304761

Email: info@edition-lunerion.de
www.edition-lunerion.de

Psiana eCom UG
Berumer Str. 44
26844 Jemgum

Inhalt

Vorwort

Stress, Frust, Wut, Ärger: Kinder sind meist noch nicht in der Lage, mit ihren eigenen Gefühlen umzugehen. Sie stellen daher eine Herausforderung für das Kind dar. Der Umgang mit den eigenen Gefühlen will dabei gelernt sein. Die Regulation wird besonders unterstützt, wenn das Kind im Verlauf seines Entwicklungsprozesses über eine sichere Bindung zu seinen Eltern verfügt und sich an guten Vorbildern orientieren kann, sodass es das Erlernte für die Bewältigung schwieriger Situationen einsetzen kann. Während der Bewältigung der Entwicklungsaufgaben, die ein Kind im Laufe seines Aufwachsens bearbeitet, benötigt es Fähigkeiten, die sowohl körperlich als auch emotional zu seiner Selbstregulation beitragen. Das nur begrenzte Vorhandensein der kindlichen Selbstregulation erfordert daher eine Co-regulierende Unterstützung durch die Eltern.

Die Fähigkeit zur Selbstregulation baut sich innerhalb der kindlichen Entwicklung im Stirnhirn auf. Dieser Bereich des Gehirns entwickelt sich meist nur sehr langsam. Sind bestimmte Fähigkeiten jedoch einmal an dieser Stelle abgespeichert, gehen sie im Verlauf des Lebens nicht mehr verloren. Aus diesem Grund ist es wichtig, die Selbstregulation im Alltag wiederkehrend zu trainieren. Hierbei können gezielte Spiele und Übungen das Kind unterstützen.

Wird die Selbstregulation innerhalb der kindlichen Entwicklung geübt, kann sich dies positiv auf das spätere Leben auswirken. So trägt eine gut ausgeprägte Selbstregulation im Schulkontext dazu bei, dass Schüler erfolgreich sind.

Auch im Arbeitsleben kann Selbstregulation hilfreich sein. Sie reduziert Stress und sorgt dafür, dass innerhalb des Berufslebens neue Fähigkeiten erlernt werden können.

Vor dem Hintergrund der Bildungsgerechtigkeit spielt die Selbstregulation vor allem im Hinblick auf die Chancengleichheit eine zentrale Rolle. Hierbei haben Studien erwiesen, dass Kinder, die über eine höhere Fähigkeit zur Selbstregulation verfügen, im Laufe ihres Lebens zu gesünderen, zufriedeneren und beruflich erfolgreicheren Erwachsenen heranreifen.

Langfristig betrachtet stellt Selbstregulation zudem den Schlüssel für ein glückliches, selbstbestimmtes und zufriedenes Leben dar. Die gute Nachricht: Die Selbstregulation Ihres Kindes können Sie im Alltag leicht spielerisch trainieren und wie das geht, erfahren Sie in diesem Ratgeber!

Impulse und Gefühle regulieren lernen

Inhaltlich wird sich der Ratgeber vor dem Hintergrund der Selbstregulation damit befassen, warum Selbstregulation in modernen Gesellschaften ein wichtiger Bestandteil ist. Hierbei wird im Kontext Selbstkontrolle von Selbstregulation abgegrenzt. Im Anschluss erfahren Sie, wie Sie dieses Buch im Alltag nutzen können und wie es Ihnen hilfreich sein kann. Daran anschließend wird der Ratgeber darüber informieren, wie Sie die Selbstregulation Ihres Kindes spielerisch fördern können. Das nachfolgende Kapitel wird sich dann damit befassen, warum Bindungen für Kinder wichtig sind, welche Bindungsmuster unterschieden werden und welche Verhaltensweisen sich hieraus ableiten lassen.

Basierend darauf wird sich das folgende Kapitel mit dem Thema befassen, inwieweit die Selbstregulation einen Einfluss auf die Entwicklung der Persönlichkeit von Kindern und Jugendlichen haben kann. Hier wird nochmals näher Bezug genommen zu den Grundbausteinen der Selbstregulation. Im Verlauf des Kapitels werden die Grundbausteine dann anhand von Beispielen für den Gruppen- und Individualkontext dargestellt. Das Kapitel verfolgt dabei das Ziel, die Selbstregulation grundlegend zu erläutern, sodass sie nachfolgend im Alltag eingesetzt werden kann.

Im Kernbereich des Ratgebers werden dann 72 Spielideen für die Förderung der Selbstregulation vorgestellt. Hierbei werden jeweils ausführliche Anleitungen geliefert sowie hilfreiche Praxistipps, sodass Sie die Spiele praktisch umsetzen können. Dabei werden jeweils zwei Spielideen für den Individualkontext sowie zwei Spielideen für den Gruppenkontext in zwei Altersklassen (Kindergarten und Grundschule) dargestellt. Thematisch werden hierbei die Bereiche aufgegriffen, die für die Selbstregulation wichtig sind. Anzuführen sind hier Bewegungsspiele, die die Energie des Kindes abbauen sollen, Spiele, die die Aktivität des Kindes steigern, Spiele, mit denen das Kind lernt, seine Lautstärke zu regulieren, Spiele, die die kindliche Kreativität anregen, Spiele, die die Merkfähigkeit und Konzentration sowie die Kognition anregen, Spiele, die dazu beitragen, dass Ihr Kind seine Gefühle und Impulse besser regulieren kann, sowie Spiele, die die Aggression und Wut im Alltag abbauen, und Anregungen für Rituale, die dem Alltag Ihres Kindes Sicherheit und Geborgenheit bieten.

Selbstregulation: Die neue Schlüsselqualifikation in unserer Gesellschaft?

Die Entwicklung der **Industriegesellschaft** hin zu einer Wissensgesellschaft hat bestehende Lernprozesse verändert, da Güter und Dienstleistungen, die auf Wissen basieren, zunehmend an Bedeutung gewinnen. Innerhalb von Wissensgesellschaften wird Wissen zum wichtigsten Faktor einer Gesellschaft und Wirtschaft. Das bedeutet, moderne Gesellschaften sind vor allem durch die Faktoren Wissen sowie Kompetenz geprägt. Hierzu zählt auch die Fähigkeit eines Menschen, benötigtes Wissen zu beschaffen und die hierzu nötigen Kompetenzen aufzuweisen. Wissen und Kompetenz werden in diesem Zusammenhang zu einer Kernkompetenz, die zum Umgang mit dem Informationsangebot moderner Gesellschaften befähigt. Zudem gilt das Vorhandensein von Wissen als wichtiger Faktor für die Beseitigung sozialer Ungleichheit.

Mit der Veränderung der Lernprozesse stellen die gesellschaftlichen Anforderungen somit neue Herausforderungen an den Einzelnen. Die Fähigkeit, lebenslang lernfähig zu bleiben und selbstständig Lernprozesse zu steuern, wird dabei zu einer Kompetenz, die für die erfolgreiche Existenz in modernen Gesellschaften unabdingbar ist. Eine der zentralsten Errungenschaften der Evolution ist in diesem Zusammenhang die *Selbstregulation*. Mit der Fähigkeit der Selbstregulation wird der Mensch durch die Evolution ausgestattet.

Selbstregulation

Unter dem Begriff der Selbstregulation oder auch Selbstregulationskompetenz wird die Fähigkeit eines Kindes verstanden, sich selbst zu regulieren oder zu beruhigen. Somit beschreibt die Selbstregulation die kindliche Fähigkeit, mit Spannungen im Inneren, Wünschen und Bedürfnissen sowie Impulsen umzugehen beziehungsweise diese auszuhalten. Diese Aufgabe kommt nicht ausschließlich Kindern im Rahmen ihrer Entwicklung zu, sondern zählt auch zu den Fähigkeiten, die erwachsene Menschen im Verlauf ihres Lebens benötigen. Somit wird die Selbstregulation zu einem Bestandteil des gesamten menschlichen Lebens. Der Begriff der Selbstregulation geht dabei auf den Psychologen *Alfred Bandura* (1925–2021) zurück.

Beispiel für Selbstregulation:

1. In einer Kindertageseinrichtung gibt das Läuten der Glocke das Zeichen, dass das Mittagessen bereitsteht und gemeinsam gegessen werden kann. Obwohl einige Kinder in dieser Zeit in ihr Spiel vertieft sind, sind sie durch Selbstregulationsprozesse und das Zusammenspiel der kognitiven Leistungsfähigkeit in der Lage, das Spiel zu unterbrechen.

2. Die Fachkraft stellt das Essen auf den Tisch. Alle Kinder warten aufgeregt auf den Beginn. Peter fällt hierbei besonders auf. Er wackelt auf seinem Stuhl herum und will am liebsten nach dem Löffel greifen, um sich den Teller zu füllen. Aufgrund der Regeln in der Kindertageseinrichtung hat er jedoch gelernt, sich zu gedulden, bis die Fachkraft ihm das Essen reicht. Darüber hinaus weiß er, dass er warten soll, bis alle Kinder etwas auf dem Teller haben und durch das gemeinsame „Guten Appetit“ das Signal gegeben wurde, dass das Essen beginnt. Also wartet er, obwohl ihm die Kontrolle seiner Impulse schwerfällt, was sich in seiner Nervosität zeigt.

3. Die Fachkraft ist mit den Kindern in der Gartenanlage der Kindertageseinrichtung. Hier gibt es seit vergangener Woche ein neues Trampolin. Da das Wetter bisher schlecht war und sich noch keine Möglichkeit bot, das Trampolin zu nutzen, laufen alle Kinder aufgeregt zum Trampolin, jedes will das erste Kind sein, das es benutzen darf. Damit die Situation nicht außer Kontrolle gerät, erklärt die Fachkraft den Kindern, dass jedes Kind an die Reihe kommt. Damit sich niemand verletzt, kann jedoch nur ein Kind nach dem anderen auf dem Trampolin springen, damit sie gut aufpassen kann. Die Kinder stellen sich in einer Reihe auf und warten, bis sie an der Reihe sind. In dieser Situation sind die Kinder aufgrund ihrer vorhandenen Selbstregulation in der Lage, sich selbst zu beruhigen. Hierbei hilft es ihnen, zu wissen, dass sie das Trampolin in jedem Fall nutzen dürfen. Sie brauchen also keine Angst zu haben, dass sie nicht an die Reihe kommen. Aufgrund dieser Tatsache können sie ihre Bedürfnisse so regulieren, dass sie die nötige Geduld aufbringen, um die Situation abzuwarten und nicht in einen Wutanfall zu verfallen.

Steckbrief:

Alfred Bandura (1925–2021)

Kanadischer Psychologe und einer der führenden Psychologen des Jahrhunderts

Albert Bandura wurde im Dezember 1925 als Sohn von osteuropäischen Einwanderern in Krakau geboren. Sein Vater arbeitete für die transkanadische Eisenbahn. Obwohl seine Bildungsmöglichkeiten aufgrund seines Geburtsortes eher beschränkt waren, entwickelte er ein selbstständiges Lernen, das für seinen späteren Karriereverlauf den Grundstein legte. 1949 erhielt er zunächst den Bachelor für Psychologie und absolvierte 1951 seinen Master sowie 1952 seinen Doktortitel. Im Jahr 1977 entwickelte Bandura im Nachgang auf der Basis früherer Arbeiten die Theorie der Selbstregulation, in der er die Prozesse der Handlungssteuerung auf der Basis der **Selbstbeobachtung**, **Selbstbewertung** sowie **Selbstreaktion** beschreibt, die bei der Selbstregulation aufeinanderfolgen sowie sich gegenseitig beeinflussen. Anschließend wurde er als Professor an der Universität Stanford angestellt, wo er bis zu seinem Tod wirkte. Während seiner Arbeit an der Universität galt sein zentrales Interesse der Klinischen Psychologie, in deren Rahmen er sich mit dem sozialen Lernen auseinandersetzte. Im Alter von 95 Jahren verstarb er im Jahr 2021 an Herzinsuffizienz.

Im Laufe eines Lebens verbessert sich durch die Stimulation unterschiedlicher Hirnareale die Selbstregulation, weshalb der Umgang mit kindlichen Gefühlen im Rahmen des Entwicklungsprozesses als Lernprozess zu verstehen ist, der durch die jeweiligen Bezugspersonen, Eltern und Fachkräfte unterstützt werden sollte. Durch die Selbstregulation ist das menschliche Nervensystem in der Lage, sich selbst ins Gleichgewicht zu bringen, indem es sich in eine *Homöostase* sowohl auf psychologischer als auch auf biologischer Ebene versetzt.

Homöostase

Der Begriff der Homöostase beschreibt synonym den Prozess der Selbstregulation, bei dem sich alle Bestandteile eines Systems den veränderten Lebensbedingungen anpassen, um das innere System im Gleichgewicht zu halten.

In modernen Gesellschaften ist die Selbstregulation aufgrund der zunehmenden Komplexität von Gesellschaftsprozessen besonders bedeutsam. Menschen stehen im Rahmen gesellschaftlicher Veränderungen sowie im Kontext der Anforderungen des Lebens in einem ständigen Spannungsverhältnis von diversen Meinungen, Bedürfnissen, Erwartungen, Emotionen und Werten, wobei die eigenen Werte den Werten des Umfelds sowie der Gesellschaft gegenüberstehen. Während des Prozesses der Selbstregulation werden diese dann vereint und gegeneinander abgewogen, indem die eigenen Vorstellungen den moralischen und ökonomischen Vorstellungen gegenübergestellt werden. Daher bietet die Selbstregulation vor allem im Berufsleben – beispielsweise explizit in Führungspositionen und der Politik – sowie im Privatleben Vorteile. Je besser ‚hohe Tiere' in der Lage sind, Stresssituationen zu regulieren, desto leichter können sie sich den jeweiligen Herausforderungen stellen und ihren Beruf bewältigen. Im privaten Bereich ist die Selbstregulation im Kontext von Beziehungen wichtig, um in Konflikten oder stressigen Situationen fairer zu interagieren. Menschen, die in der Lage sind, ihre Emotionen zu regulieren und diese zu kontrollieren, weisen einen besseren Umgang mit stressigen Situationen und Frust auf. Sie sind konfliktfähiger und verfügen damit auch über ein höheres Maß an *Resilienz*.

Resilienz

Der Begriff der Resilienz oder psychischen Widerstandsfähigkeit beschreibt die Fähigkeit, Krisen oder schwierige Lebenslagen zu bewältigen. Bei der Bewältigung der jeweiligen Krisen wird auf die persönlichen und sozialen Ressourcen zurückgegriffen. Resiliente Menschen sind demnach in der Lage,

- ihre Impulse zu kontrollieren,
- Emotionen zu steuern,
- optimistisch zu denken sowie
- Situationen passgenau zu analysieren.

Somit beschreibt Resilienz die Fähigkeit, Herausforderungen und Lebensumständen gegenüberzutreten, darauf angemessen zu reagieren sowie sich von der Bewältigung der jeweiligen Herausforderung wieder zu erholen.

Die Selbstregulation bildet dabei den Kern unserer Resilienz. Sie wird benötigt, um ein gesundes und erfolgreiches Leben in einer Welt zu führen, deren Anforderungen zunehmend komplexer werden: in der sogenannten *VUCA-Welt*.

VUCA-Welt

Die Abkürzung der VUCA-Welt steht sinnbildlich als Akronym für die Begriffe **‚volatile'** (Volatilität)**, ‚uncertain'** (Ungewissheit)**, ‚complex'** (Komplexität) **und ‚ambiguous'** (Ambiguität)**.**

Der Begriff beschreibt somit eine unberechenbare und flüchtige Welt, die für alle in ihr Anwesenden unsicher und vielschichtig ist und an vielen Stellen Mehrdeutigkeiten, Unklarheiten und Widersprüche aufweist, die es im Verlauf eines Lebens zu bewältigen gilt. Bei der Bewältigung verursachen die Eigenschaften der modernen Welt Stress, den es unter Rückgriff auf die Strategien der Resilienz und Selbstregulation zu bewältigen gilt.

Mehr Selbstregulation ermöglicht uns somit mehr Entspannung und Selbstbestimmung sowie ein höheres Maß an Selbstwirksamkeit. Selbstregulierendes Verhalten führt in der Folge somit dazu, in stressigen Situationen wieder zur Ruhe zu kommen, ohne dass äußere Faktoren die innere Ruhe stören. Auf diese Weise unterstützt die Selbstregulation dabei, negative Emotionen stärker zu kanalisieren und durch den inneren Antrieb in positive Reize umzuwandeln, die das eigene Leben erleichtern. Grundsätzlich kann die Selbstregulation dabei der Schlüssel zu einem glücklichen, selbstbestimmten und zufriedenen Leben darstellen, wobei der Lebenserfolg durch die jeweils vorhandene *Selbstkontrolle* des Einzelnen bestimmt wird.

Selbstkontrolle

Mit dem Begriff der Selbstkontrolle wird die Fähigkeit beschrieben, das eigene Handeln zu kontrollieren, die eigenen Verhaltensweisen zu beeinflussen sowie diese so zu gestalten, dass sie zur Erreichung der eigenen Ziele führen.

Beispiel für Selbstkontrolle:
Ein Kind erhält das Angebot, direkt 10 Euro Taschengeld zu erhalten oder alternativ eine Woche zu warten und dann 20 Euro zu erhalten.

Verfügt das Kind über eine ausgeprägte Selbstkontrolle, wird es die 10 Euro ablehnen, um sich nach einer Woche die größere Summe an Taschengeld zu sichern. Dies gelingt ihm durch die Selbstkontrolle in dieser Situation aufgrund der Kontrolle seiner eigenen Bedürfnisse, Impulse und Gefühle, die es zu seinem eigenen Wohl unterdrückt.

Einigen Menschen fällt die Selbstkontrolle schwer und sie stellt daher eine große Herausforderung dar. Bei anderen Menschen wiederum läuft die Selbstkontrolle unbewusst ab. Meist nimmt die Selbstkontrolle im Laufe des Tages ab, da das Ausüben die betreffende Person viel Kraft kostet.

Beispiel:
Eine junge Frau möchte gesünder leben und verzichtet dafür auf Süßigkeiten und ungesunde Snacks. Im Laufe des Tages gelingt ihr dies meist ohne Probleme. Je näher der Abend kommt, desto schwieriger lassen sich ihre Impulse kontrollieren, sodass es bereits einige Male vorkam, dass sie ihren eigenen Versuchungen am Abend nachgegeben hat.

Die Selbstkontrolle kann in diesem Zusammenhang als Spezialfall der Selbstregulation betrachtet werden. Werden Kinder im Rahmen ihres Entwicklungsprozesses in diesem Kontext vernachlässigt oder nicht ausreichend gestärkt durch beispielsweise ein einfühlsames Reagieren auf ihre Gefühlslagen, so kann sich dies langfristig auf den Rest des Lebens auswirken. Das liegt vor allem daran, dass das Grundgefühl von Sicherheit durch eine unzureichende Unterstützung und fehlende Empathie verloren geht. Kinder, die in ihrer Selbstregulation nicht ausreichend Hilfestellung erhalten haben, fühlen sich häufig auch noch im Erwachsenenalter unsicher, können nur schwer entspannen oder den Stress des Alltags abbauen, da ihre Selbstregulationsfähigkeit nicht ausreichend ausgeprägt ist. In stressigen Situationen reagieren diese Kinder meist ängstlich oder aggressiv, da sie nicht über die nötigen Strategien verfügen, um mit ihren Gefühlen umzugehen.

Grundsätzlich gilt jedoch: Eine einmal erlernte Selbstregulation muss nicht für immer in diesem Zustand verbleiben. Sie ist über den Verlauf des Lebens veränderbar, da das menschliche Gehirn anpassungsfähig ist. Um die Selbstregulationsfähigkeiten weiter auszubauen (auch im Erwachsenenalter!), gibt es verschiedene Strategien, die für die Verbesserung der Selbstregulation sinnvoll eingesetzt werden können.

Nutzung des Buches

Dieser Ratgeber soll Ihnen im Alltag dabei helfen, Ihr Kind bei der Entwicklung seiner Selbstregulation zu unterstützen. Hierzu bietet Ihnen dieses Buch im ersten Teil einen theoretischen Hintergrund, der darauf abzielt, dass Sie die Prozesse und Funktionsweisen der Selbstregulation besser verstehen. Hierbei wird Ihnen pädagogisches Wissen geliefert, um die Selbstregulation Ihres Kindes anzuregen sowie Ihr eigenes Verhalten unter Berücksichtigung des Einflusses auf die Selbstregulation Ihres Kindes zu reflektieren.

Im zweiten Abschnitt des Ratgebers erhalten Sie daran anschließend gezielte praktische Spielanleitungen und Ideen, die Sie im Alltag umsetzen können. Dabei wird auf die Zielgruppen von Kindern im Alter der Frühbetreuung sowie von Kindern in der Grundschule Bezug genommen und Sie bekommen Handlungsanweisungen und Schritt-für-Schritt-Anleitungen für die konkrete Umsetzung an die Hand, mit der Sie die Selbstregulation Ihres Kindes internalisieren können.

Wie Selbstregulation spielerisch gefördert werden kann

Kinder lernen bereits früh, ihre eigenen Gefühle und Handlungen bewusst zu steuern und zu kontrollieren, wobei die Selbstregulationsfähigkeit vor allem im Hinblick auf das Lernen im Schulalter einen wichtigen Bestandteil bildet. Das liegt nicht zuletzt daran, dass eine unzureichende Selbstregulation zu Entwicklungsschwierigkeiten im Bereich der Aufmerksamkeit oder des schulischen Lernens führen kann. In liebevoller Atmosphäre, stressfrei und spielerisch können Eltern jedoch dazu beitragen, dass Kinder lernen, ihre Selbstregulation zu entwickeln. Bei Kleinkindern ist die Selbstregulation dabei an drei zentralen Bestandteilen erkennbar:

- Aufmerksamkeitslenkung,
- Selbstberuhigung und
- Belohnungsaufschub.

Aufmerksamkeitslenkung (6-12 Monate)
Die Aufmerksamkeitslenkung beginnt etwa in einem Alter von sechs Monaten und verdeutlicht sich zunehmend bis zum zwölften Lebensmonat. Hierbei betrachtet das Kind intensiv die Gegenstände, mit denen es sich in seiner Welt auseinandersetzt. Die Aufmerksamkeitslenkung ist dabei eine kognitive Strategie, die dazu dient, die Aufmerksamkeit zu kontrollieren und diese auf die erwünschte Erarbeitung von Informationen zu lenken. Beobachtet werden kann die Aufmerksamkeitslenkung beim Kind durch die Rotation des Blickfelds, die ein Interesse an den Details von Sachverhalten anzeigt. Das Kind lernt in dieser Phase, Ablenkungen zu widerstehen und seine Aufmerksamkeit auf einen Sachverhalt zu konzentrieren. Im Kontext der Aufmerksamkeitslenkung laufen zudem kognitive Prozesse ab, die nicht zu beobachten sind. Dies betrifft vor allem die Informationsverarbeitung.

Selbstberuhigung (ab etwa 6 Monaten)
Mit dem Begriff der Selbstberuhigung wird die Fähigkeit des Kindes beschrieben, die innere Anspannung und Erregung selbstständig so zu regulieren, dass sie ein ausgeglichenes Erregungsniveau erreichen. In den ersten Lebensmonaten gelingt die Selbstberuhigung ausschließlich mit elterlicher Hilfe und wird vom Kind durch beispielsweise lautstarkes Schreien zum Anzeigen seiner Bedürfnisse geäußert.

Belohnungsaufschub
Der Belohnungsaufschub oder auch Gratifikationsaufschub umschreibt die Tatsache, dass eine Belohnung nicht sofort, sondern verzögert erfolgt. Hierbei lernt das Kind, sich zu gedulden und auf eine kleinere Belohnung zu Gunsten einer größeren Belohnung zu verzichten.

Für die spielerische Förderung der Selbstregulation ist es für Säuglinge im Erwerb der Kompetenz besonders wichtig, dass sie dabei geführt werden. Die Anleitung bei der Aneignung der Selbstregulation erfolgt ab der Geburt über die Stimulation der Sinne:

- **Orale Stimulation:** Die orale Stimulation und Regulation der Bedürfnisse erfolgen bei Säuglingen häufig über einen Schnuller, den Daumen oder die Hand des Säuglings. Während das Kind seinem natürlichen Saugreflex nachkommt, beruhigt es sich selbst und reguliert innere Anspannungen zu Gunsten von Entspannung.
- **Taktile Stimulation:** Die taktile Stimulation erfolgt meist durch das Halten von Gegenständen und Dingen. Das kann sowohl das Festhalten einer Stoffpuppe als auch das Halten einer Decke oder der Schnullerkette sein.
- **Visuelle Stimulation:** Die visuelle Stimulation erfolgt über die Wahrnehmung des Kindes. Hierbei kommen beispielsweise Bilderbücher oder im Säuglingsalter Mobile zum Einsatz, die beruhigend auf das Kind wirken.
- **Auditive Stimulation:** Die auditive Stimulation der Selbstregulation erfolgt über das kindliche Gehör. Hier unterstützt beispielsweise das Hören von beruhigender Musik, weißem Rauschen, bestimmter Klänge, der elterlichen Stimme, ein Abendlied oder das Vorsingen die Selbstregulation und Entspannung.
- **Vestibuläre Stimulation:** Die vestibuläre Stimulation betrifft den Gleichgewichtssinn. Hierbei wird das Kind beispielsweise durch sanfte Bewegungshandlungen wie das Wippen, Wiegen, den Kinderwagen oder das Tragen am Körper beruhigt.

Babys und Kleinkinder sind aufgrund der fehlenden Kompetenzen zur eigenständigen Selbstregulation darauf angewiesen, in diesem Prozess von ihren Bezugspersonen unterstützt zu werden. Nach einiger Zeit beginnen Säuglinge, sich selbst anhand der oben aufgeführten Stimulationen zu regulieren.

Für Babys und Kleinkinder sind in Bezug auf die spielerische Förderung verschiedene Faktoren entscheidend, wenn es um die eigene Selbstregulation geht:

#1 Selbstregulation während und nach dem Spiel mit dem Kind

Nach und während des Spiels mit dem Kind kann das Erregungsniveau des Raumes, das heißt die Anwesenheit von Lärm oder Stille, die selbstständige Regulation des Säuglings beeinflussen. Das Erregungsniveau kann dabei als Wegweiser im Selbstregulationsprozess verstanden werden. Konkret bedeutet dies, wenn die Lautstärke innerhalb des Raumes steigt und das Kind nicht in der Lage ist, sich selbstständig zu regulieren, bedarf es der Bezugsperson, die durch die Einwirkung von außen die Selbstregulation des Säuglings stimuliert und unterstützt. Ob ein Säugling dabei Hilfe benötigt, zeigt sich zum Beispiel daran, dass er die Hand in den Mund steckt, den Blick abwendet oder das Köpfchen dreht. Hierbei ist davon auszugehen, dass diese Handlungen kindliche Strategien für die Regulation der Erregung innerhalb des Raumes darstellen.

#2 Körperhaltung und Spielangebote, die die Selbstregulation unterstützen
Damit sich insbesondere Kleinkinder und Säuglinge entspannen und ihre Erregung regulieren können, ist die Position beim Halten des Kindes ein zentraler Bestandteil. Damit sich das Kind entspannen kann, sollte es sich eng am Körper seiner Bezugsperson befinden und den Blick zu dieser gerichtet haben, um nicht weiter von seiner Umwelt erregt zu werden. Babys können durch die Haltung bei der Selbstregulation unterstützt werden, indem die Hand der Bezugsperson auf der Brust positioniert oder das Becken angewinkelt wird, da dies die Anspannung löst. Kleinkinder und Babys benötigen für die Selbstregulation daher besonders viel Halt und Sicherheit sowie starke Berührungen oder Hilfsmittel wie Schnuller, um ihre Anspannung zu regulieren.

#3 Spielmaterial als Hilfestellung für die Selbstregulation
Damit Spielzeug die kindliche Erregung regulieren kann, sollte es leicht zu handhaben sein. Für Säuglinge eignet sich dabei am besten Spielzeug, das in den Mund genommen werden kann und weich ist. Hierbei können sowohl Hilfsmittel wie Beißringe oder Flexy-Löffel verwendet werden. Darüber hinaus lassen sich Säuglinge in der Bauchlage meist gut regulieren, wenn sie dabei mit Spielzeug abgelenkt werden. Für ältere Kinder eignet sich Spielmaterial, das die Feinmotorik fördert. Spiele, bei denen Utensilien zugeordnet, eingefüllt, abgerissen, aufgeklebt oder eingesteckt werden müssen, aber auch Puzzle können hier eine gute Alternative darstellen. Durch die Konzentration auf ihre Feinmotorik werden Kinder dabei in die Lage versetzt, sich selbstständig zu regulieren. Darüber hinaus kann der Körperkontakt zur Bezugsperson beruhigend auf das Kind einwirken und ihm bei der Regulation seiner Anspannung hilfreich sein.

#4 Selbstregulation der Eltern als Kriterium
Da Kinder besonders einfühlsame Wesen sind, orientieren sie sich stark an ihren Bezugspersonen und nehmen in diesem Zusammenhang auch die Anspannung und Entspannung in ihrem Umfeld wahr. Aus diesem Grund ist es wichtig, dass auch Eltern und Bezugspersonen in der Lage sind, sich selbst zu regulieren. Wird das Kind dabei beispielsweise am Körper getragen, kann es die Regulation über die Atmung wahrnehmen.

Die Situationen, in denen sich Kinder beruhigen müssen, sind dabei äußerst vielfältig: Egal, ob beim gemeinsamen Spielen, Zuhören, beim Einschlafen oder beim Abwarten – Kinder stehen hierbei meist vor Herausforderungen, die sie nicht immer eigenständig lösen können. Die Selbstregulation entwickelt sich bei Kindern in diesem Zusammenhang von Geburt an in der Interaktion mit ihren Eltern und Bezugspersonen. Durch das Nachahmen der elterlichen Regulationsstrategien sowie die Feinfühligkeit der Eltern für die Bedürfnisse des Kindes erlernt das Kind die Regulation seines Selbst. Die spielerische Förderung der Selbstregulation erfolgt in diesem Kontext über die Feinfühligkeit der Eltern sowie über die damit einhergehende angemessene Reaktion auf die kindlichen Signale. Hierbei ist es wichtig, dass Eltern die Signale ihres Kindes nicht nur wahrnehmen, sondern auch passgenau deuten, um die Gründe für das Verhalten spiegeln und benennen zu können, damit eine zeitnahe Reaktion erfolgen kann. Darüber hinaus besteht die spielerische Förderung der Selbstregulation aus kognitiv anregenden Impulsen, die dem Kind durch die Eltern geboten werden.

Grundsätzlich gilt somit: Eltern können ihre Kinder mit Geduld und Ausdauer beim Aufbau und Erwerb der Selbstregulationsfähigkeit unterstützen.

Hier können bereits leichte Tätigkeiten wie das Aufhängen der Kleidung bei der Ankunft zu Hause oder das Einräumen der Schuhe in das dafür vorgesehene Regal sowie das Einbeziehen der Kinder in den Tagesablauf die Selbstregulation stimulieren und langfristig trainieren. Auch die gemeinsame Vorbereitung von beispielsweise der Schultasche oder der Sporttasche für den kommenden Tag kann hier als Instrument eingesetzt werden. Insgesamt kann die Selbstregulation daher spielerisch unter anderem durch die Einhaltung und Umsetzung von Regeln und Ritualen unterstützt werden. Darüber hinaus eignen sich für größere Kinder beispielsweise sportliche Bewegungsspiele, die sowohl den Körper als auch den Geist aktivieren. Werden die unterschiedlichen Angebote und Strategien der Selbstregulation wiederholt, lernt das Kind, die Handlungen zu verinnerlichen, und ist mit der Zeit in der Lage, sich selbstständig zu regulieren.

Wie Selbstregulation entsteht und warum sie so wichtig ist

Um das Konzept der Selbstregulation zu verstehen, kann ein Modell aus der Hirnforschung hilfreich sein. Hierbei wird davon ausgegangen, dass jeder Mensch über drei „Gehirne" verfügt, die jeweils über unterschiedliche Funktionen verfügen. Je nach Situation arbeiten diese Gehirne entweder im Gleichgewicht oder eines reagiert stärker als die anderen. Im Rahmen der kindlichen Entwicklung bestimmen die jeweiligen Erfahrungen des Kindes darüber, welches der Gehirne stärker reagiert:

Die Hypothese der drei Gehirnkomplexe

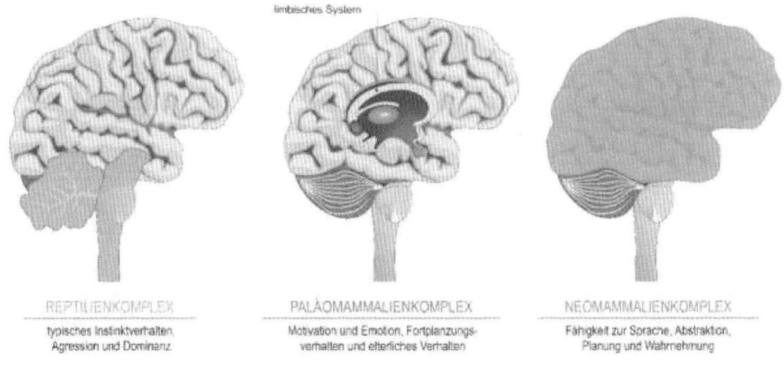

- **Das Reptiliengehirn:** Dieses Gehirn gehört zu den ältesten Bestandteilen des menschlichen Gehirns. Dieser Teil des Gehirns aktiviert Verhaltensweisen, die das Überleben sichern. Zudem ist es für die Kontrolle von Körperfunktionen zuständig.
- **Das Säugergehirn:** Dieser Teil des Gehirns wird auch als emotionales Gehirn oder limbisches System bezeichnet. Es ist für das Auslösen von Emotionen verantwortlich und kontrolliert in Stresssituationen die Kampf- und Fluchtreaktionen. Das heißt, es bestimmt, inwieweit wir uns einer Situation stellen oder lieber die Flucht ergreifen. Zudem aktiviert es Emotionen, wie beispielsweise Wut, Ängste sowie Furcht. Nebstdem ist dieses Hirnareal für die sozialen Bindungen und den Spieltrieb verantwortlich.

- **Das rationale Gehirn:** Das rationale Hirn macht im menschlichen Hirn mit 85 % den größten Teil der Gesamtmasse des Hirns aus. Dieses Hirnareal ist dazu in der Lage, die anderen Gehirnareale (Säugergehirn, Reptiliengehirn) zu steuern. Aus diesem Areal entspringen Fähigkeiten, wie beispielsweise die Vorstellungskraft, die Kreativität, das logische Denken, die Reflexion sowie die Anteilnahme.

Der Grundstein für die Selbstregulation wird bei Kindern in den ersten drei Lebensjahren gelegt. Auch wenn sich die meisten Menschen nicht oder nur kaum an diese Lebensphase erinnern, ist sie entscheidend für den weiteren Lebensverlauf. Hier wird die Sicht auf die Welt geprägt, es werden erste Beziehungserfahrungen gesammelt sowie wichtige Glaubenssätze gebildet. Da im Säuglingsalter die menschlichen Nervenbahnen noch nicht vollständig ausgereift sind, ist, wie bereits erwähnt, eine unterstützende Person nötig, um die Bedürfnisse zu regulieren. Dieser Prozess wird auch als *Co-Regulation* bezeichnet.

Co-Regulation
Unter dem Begriff der Co-Regulation wird ein Prozess verstanden, in dem Eltern und Bezugspersonen als ‚helfende Hand' des Kindes interagieren, um seine Bedürfnisse zu befriedigen und die Selbstregulation zu unterstützen. Während es bei Säuglingen vorrangig um die Befriedigung von Bedürfnissen nach Nähe, Hunger und Durst geht, geht es bei kleineren Kindern um die Benennung von Gefühlen, um den eigenen Zustand in Worte zu fassen und den eigenen Zustand kennen zu lernen.

Beispiel:
„Dass dein Spielzeug zerbrochen ist, macht dich gerade wütend. Das kann ich verstehen."

Die Co-Regulation soll das Kind dabei unterstützen, die Erfahrungen, die das Kind gemacht hat, besser zu verarbeiten. Ziel dabei ist, dass das Kind durch das Erfahren unterschiedlicher Situationen lernt, seine Impulse zu regulieren.

Damit Co-Regulation gelingt, sollten Eltern Folgendes beachten:
Co-Regulation sollte ...

- das Verhalten des Kindes nicht bewerten.
- das Kind dabei unterstützen, mit seinen Gefühlen nicht alleine zu sein, und ihm die für die Bewältigung der akuten Situation benötigten Ressourcen zur Verfügung stellen.
- dem Kind erlauben, in seiner emotionalen ‚Notlage' einfühlsam von seinen Bezugspersonen aufgefangen zu werden.

Weitere Tipps:

- Damit sich die kindlichen Gefühle sortieren, kann es hilfreich sein, dem Kind Körperkontakt anzubieten und liebevoll auf es einzugehen.
- Gefühle werden nicht abgesprochen. Jedes Gefühl ist erlaubt und wird begleitet.

Im Prozess des Aufwachsens benötigen Kinder die Unterstützung hinsichtlich ihrer Regulationsmechanismen etwa bis zu einem Alter von drei Jahren. Dabei ist die *sichere Bindung* für das Kind das Wichtigste. Sowohl der Blickkontakt zum Kind als auch die liebevolle und empathische Zuwendung zum Kind sind existenziell, wenn es um die Ausbildung von Regulationsstrategien geht.

Sichere Bindung

Mit dem Begriff der sicheren Bindung wird innerhalb der Bindungstheorie die Beziehung des Kindes zu den Eltern umschrieben. Eine sichere Bindung erfährt ein Kind daher immer dann, wenn es im Hinblick auf seine Bezugspersonen Zuverlässigkeit erfährt und dabei lernt, dass es in seinen Bedürfnissen ernst genommen wird. Eine sichere Bindung wird dabei beispielhaft wie folgt charakterisiert:

Beispiel:

Eine Mutter verlässt den Raum, in dem ihr Säugling bis dahin geschlafen hat. Als sie den Raum verlässt, beginnt er, zu schreien und zu weinen. Sie kehrt zurück, nimmt seine Bedürfnisse damit ernst und schenkt ihm Nähe, wodurch sich das Kind beruhigt, entspannen kann und daraufhin erneut einschläft.

Ist ein Kind sicher gebunden, entwickelt es ein Grundvertrauen in die Welt und kann sich in ihr auch im Erwachsenenalter besser bewegen.

Innerhalb der Bindungstheorie werden dabei unterschiedliche Bindungstypen anhand von bestimmten Bindungsmustern unterschieden. Bindungsmuster umschreiben Erfahrungen, die das menschliche Zusammenleben bis ins Erwachsenenalter prägen. Hier unterscheidet die Psychologie wie folgt:

- sicher gebundener,
- unsicher-vermeidender,
- unsicher-ambivalenter sowie
- unsicher-desorganisierter Bindungstyp.

Der sicher gebundene Bindungstyp

Das sicher gebundene Kind vertraut auf die Zuverlässigkeit seiner Bezugspersonen und weiß, dass sie bei Bedarf verfügbar sind. In der Anwesenheit seiner Bezugspersonen eignet es sich daher die Welt ungestört an. Der sichere Bindungstyp gilt dabei als sichere Ausgangsbasis für Lern- und Lebensprozesse. Entfernt sich die kindliche Bezugsperson, kann sich dies beim Kind durch Weinen, Rufen und Suchen äußern. Meist wird das Bindungsverhalten des Kindes in diesen Situationen gestresst. Zudem lässt es sich eher selten von ihm fremden Personen trösten. Kehrt die kindliche Bezugsperson zurück, sucht es umgehend seine Nähe. Bezugspersonen von sicher gebundenen

Kindern äußern sich dabei meist durch feinfühliges Verhalten, zum Beispiel durch die Wahrnehmung der kindlichen Bedürfnisse und daraus abgeleitet den passgenauen Reaktionen auf diese. Im Erwachsenenalter zeigt sich der sicher gebundene Bindungstyp als sehr emotional und feinfühlig, auch in Beziehungen. Mit veränderten Anforderungen innerhalb seines Umfelds kann er meist gut umgehen, da er sehr anpassungsfähig ist. Zu den eigenen Gefühlen verspürt er einen guten Zugang und er kann diese gut benennen.

Der unsicher-vermeidende Bindungstyp

Kinder, die in ihrer Kindheit nur wenig Zuverlässigkeit und Vertrauen erfahren konnten, suchen in Notsituationen keine Hilfe bei ihren Bezugspersonen. Das liegt vor allem daran, dass ihre bisherigen Erfahrungen in vergleichbaren Situationen nicht verlässlich waren oder ihre Gefühle in ihrer emotionalen Not abgewertet wurden. Um weitere Zurückweisungen ihrer Bezugspersonen zu vermeiden, meiden sie das Suchen nach Unterstützung und fordern diese auch nicht mehr ein. Im Erwachsenenalter kann das dazu führen, dass emotionale Themen eher vermieden werden. Häufig macht ihnen zu große Nähe Angst, sodass sie sich zurückziehen.

Der unsicher-ambivalente Bindungstyp

Der unsicher-ambivalente Bindungstyp versucht durch ausgeprägtes Weinen sowie das Suchen von Nähe und ‚Klammern', die Nähe zur jeweiligen Bezugsperson zu sichern. Kinder dieses Bindungstyps haben innerhalb Ihres Entwicklungsprozesses gelernt, dass sie nur bei intensiver Äußerungen ihrer ‚Notlage' Trost und Zuwendung erfahren. Im Erwachsenenalter äußert sich dieser Bindungstyp darin, dass er nur schwer unterschiedliche Gefühle integrieren kann. Zudem sind Erwachsene mit diesem Bindungstyp häufig passiv oder ängstlich, sodass sie beim Eingehen von Bindungen sehr vorsichtig sind. Das liegt vor allem daran, dass Trennungen intensiver und schmerzhafter erlebt werden als von anderen Bindungstypen.

Der unsicher-desorganisierte Bindungstyp

Bei dem unsicher-desorganisierten Bindungstyp ist das Bindungsverhalten von Kindern meist kaum ausgeprägt. Das Entdeckungsverhalten ist jedoch umso intensiver. Trennen sich diese Kinder von Bezugspersonen, ist ihr Verhalten hiervon häufig unbeeinflusst. Kehren Bezugspersonen zurück, sind Gefühle in der Regel kaum wahrnehmbar. Stattdessen werden Bezugspersonen eher ignoriert oder fremde Personen werden vorgezogen. Oberflächlich betrachtet werden diese Kinder nicht selten als ‚einfach zu handhaben' bezeichnet, ohne zu erkennen, dass sich hinter diesem Bindungstyp vielmehr verbirgt. Innerlich führt die Trennung von Bezugspersonen jedoch auch bei diesem Bindungstyp zu Stress. Da dieser nicht reguliert wird, haben diese Kinder vermehrt Schwierigkeiten, ihre Gefühle und Emotionen zu verdeutlichen. Das liegt vor allem daran, dass ihre Bezugspersonen ihnen oftmals wenig Nähe und Sicherheit bieten, sodass ihnen auch ein enger Körperkontakt unangenehm erscheint. Durch die Fokussierung auf die Umwelt versuchen sie, das Verhalten ihrer Bezugspersonen anzupassen. Im Erwachsenenalter kann sich dies vor allem in Beziehungen negativ auswirken, da diese oft abwertend eingeschätzt werden, sodass eine stabile Partnerschaft kaum möglich ist.

Auf der Basis der unterschiedlichen Bindungstypen, die sich aufgrund der erlernten Selbstregulation sowie der erlebten Bindungen innerhalb des kindlichen Aufwachsens ergeben, können unterschiedliche Verhaltensweisen abgeleitet werden. Hier sind sowohl *funktionale* als auch *dysfunktionale Verhaltensweisen* zu nennen.

Funktionale Verhaltensweisen

Funktionale Verhaltensweisen beschreiben ein auf die Veränderungen der Umgebung und das Erleben angepasstes Verhalten, das zudem für die Regulation der eigenen Bedürfnisse nützlich ist und seinen Zweck erfüllt. Sie erfüllen sich vor allem dann, wenn Menschen im Verlauf eines Tages darauf angewiesen sind, sich zu regulieren, um in einem angepassten Funktionsmodus zu interagieren. In diesem Modus sind sie in der Lage, ihren Anforderungen nachzukommen, sie sind jedoch kaum in der Lage, sich selbst wahrzunehmen. Im funktionalen Modus fühlen sich Menschen häufig dauerhaft angespannt und reagieren ausschließlich auf die Anforderungen der äußeren Welt. In der Folge können funktionale Verhaltensweisen daher häufig zu Burnout, Depressionen oder Ängsten führen.

Beispiel:

Im Kontext des Aufwachsens erlebt ein Kind bei seinen Eltern, dass diese ihr Leben vollständig nach ihrem Job ausrichten und für den Vorgesetzten auch in der Freizeit erreichbar sind. Zudem werden Anforderungen von Seiten des Arbeitgebers nie abgelehnt, auch nicht, wenn sie im Urlaub an die Eltern des Kindes herangetragen werden. Im Erwachsenenalter zeigt sich dieses Kind ebenso. Es richtet sein eigenes Leben an den Bedürfnissen seines Betriebs aus und versucht, seine gesamte Energie in die Arbeit zu stecken, ohne sich dabei die Frage zu stellen, welche Wünsche es für sich persönlich hat. Nach einigen

Jahren hat es das Gefühl, diesen Anforderungen nicht mehr gerecht werden zu können. Es fühlt sich ständig überfordert und niedergeschlagen. Ein Arztbesuch soll Abhilfe schaffen. Dieser diagnostiziert ein fortgeschrittenes Burnout mit drohender Depression.

Dysfunktionale Verhaltensweisen
Mit dem Begriff der dysfunktionalen Verhaltensweisen wird ein Verhalten beschrieben, das von der Norm abweicht, von der Gesellschaft als ‚unpassend' wahrgenommen wird und mit einer negativen Wirkung einhergeht. Die Ausführung dysfunktionaler Verhaltensweisen erfolgt dabei unbewusst. Die mit der Verhaltensweise gewählte Handlungsstrategie führt dabei meist nicht zum gewünschten Ziel.

Beispiel:
Ein Kind wächst in einer Familie auf, die ihm weder Sicherheit noch Liebe oder stabile Beziehungen und Vertrautheit vermittelt. Während seiner Entwicklung hat es gelernt, die fehlende Bedürfniserfüllung durch Ablenkung mit Spielen oder Ähnlichem zu ignorieren. Nähe ist für das Kind nur schwer aushaltbar, da es sie aus seiner Kindheit nicht kennt und sich an die ersten Lebensmonate nicht erinnern kann. Im Erwachsenenalter tritt ebendieses Kind immer wieder in Beziehungen ein, die nicht halten und meist recht schnell scheitern. Emotional verlaufen diese Beziehungen meist sehr abgekühlt. Über Probleme und Befindlichkeiten wird nicht gesprochen. Begründet wird das Scheitern der Beziehungen in diesem Kontext durch den jeweiligen Partner in allen Fällen gleich: fehlende Nähe und schlechte Kommunikation. Die Ursache für diese Verhaltensstrukturen liegt dabei begründet in den in der Kindheit erlebten dysfunktionalen Familienstrukturen, in denen das Kind gezwungen war, sich durch die Anpassung seines Verhaltens zu schützen. Dort erlernte Verhaltensweisen wurden im Anschluss adaptiert und haben sich auch im Erwachsenenalter etabliert.

Wird die Selbstregulation innerhalb eines Lebens gut entwickelt und können Strategien herausgebildet werden, die es dem Kind im Verlauf seines Lebens ermöglichen, gut mit Stress und Anspannung umzugehen, verfügen Menschen über ein gut ausgeprägtes *Window of Tolerance*, das ihnen im Verlauf ihres Lebens zugutekommt.

Window of Tolerance

Mit dem Begriff Window of Tolerance oder auch Toleranzfenster wird die Schwingungsfähigkeit des Organismus oder vielmehr die Fähigkeit des Nervensystems beschrieben, sich zwischen Anspannung und Entspannung zu bewegen und sich den äußeren Gegebenheiten anzupassen. Je besser das Window of Tolerance ausgeprägt ist, desto besser sind wir in der Lage, auch bei erhöhter Anspannung (Stress) mit gesunden Verhaltensweisen zu reagieren und uns selbstständig zu regulieren (Selbstregulation).

Die Art, in der Erwachsene mit Kindern in den ersten drei Lebensjahren interagieren, ist daher elementar für die Entwicklung der Selbstregulation. Kinder benötigen für eine gesunde Entwicklung von Selbstregulationsmechanismen einen erwachsenen Menschen, der in der Lage ist, sie liebevoll zu beruhigen, wahrzunehmen, zu halten sowie zu verstehen. Die Fähigkeit zur Entwicklung der Selbstregulation steht darüber hinaus mit der Impulskontrolle sowie der Frustrationstoleranz im Zusammenhang. Sowohl die Impulskontrolle als auch die Frustrationstoleranz entwickeln sich dabei im Kontext von stabilen Beziehungserfahrungen, also sicheren Bindungsmustern. Hierbei hat zusätzlich die Co-Regulation der kindlichen Gefühle durch die Eltern ihren Einfluss. Diese nimmt im Verlauf der kindlichen Entwicklung zunehmend ab, da das Kind stetig lernt, seine Impulse selbstständig zu regulieren.

In einer Welt, in der sich gesellschaftliche und technische Anforderungen sowie die Anforderungen an die eigene Person stetig im Wandel befinden, ist es daher wichtig, über gute Regulationstechniken zu verfügen. Die Selbstregulation ist somit sowohl für den Lern- als auch für den Lebenserfolg entscheidend. Sie ermöglicht dabei den Zugang zu den eigenen Bedürfnissen und sorgt für Flexibilität, Souveränität, Optimismus, Empathie und die Wahrnehmung von Werten anderer Personen. Auf diese Weise wird die soziale Interaktion erleichtert und Unstimmigkeiten können nicht nur erkannt, sondern auch sinnvoll gelöst werden. Selbstregulierendes Verhalten unterstützt dabei, in stressigen Lebensphasen Ruhe zu finden und sich so auf die positiven Emotionen zu fokussieren. Dabei werden negative Emotionen kanalisiert und in etwas Gutes verwandelt. Kurz gesagt: Eine ausgeprägte Selbstregulation bietet die Möglichkeit auf ein glückliches, zufriedenes und auch selbstbestimmtes Leben.

Auf einen Blick: Dazu wird die Selbstregulation benötigt

Selbstregulation steuert das menschliche Denken und Handeln. Dabei unterteilt sie sich in kognitive Fähigkeiten, die Kontrolle von Impulsen sowie die geistige Flexibilität. Im Verlauf des Lebens wird sie dabei für die nachfolgenden Aufgaben benötigt:

- das Einnehmen von anderen Perspektiven (Empathiefähigkeit)
- die Organisation und Planung des Alltags
- die Kontrolle von Impulsen
- die Regulation von Frust und Wut
- das passende Zeitmanagement bei der Bewältigung von Aufgaben
- die Wahrnehmung von eigenen Gefühlen
- die Ausprägung des kreativen und flexiblen Denkens
- das Ausdrücken und Mitteilen von persönlichen Gefühlen

So fördern Sie die Selbstregulation Ihres Kindes richtig

Die Erlebnisse, die Ihr Kind in den ersten Jahren sammelt, sorgen dafür, dass sich die unterschiedlichen Hirnareale miteinander vernetzen. Damit sich die Selbstregulation angemessen entwickelt, ist es wichtig, dass Ihr Kind die ‚richtigen' Erfahrungen macht. Hierzu können Sie wie folgt beitragen:

- Achten Sie im Alltag darauf, dass Sie die Bedürfnisse Ihres Kindes angemessen befriedigen. Hierzu gehören für Kinder insbesondere eine gesunde, abwechslungsreiche Ernährung, ruhiger Schlaf, ausreichend Bewegung sowie eine sichere Bindung zu Ihnen.
- Kinder benötigen für ein gesundes Aufwachsen Geborgenheit. Daher ist es wichtig, dass Ihr Kind von Ihnen körperliche Nähe erhält und sich geborgen fühlt. Hierbei können verlässliche Rituale Sicherheit und Halt vermitteln, sodass sich Ihr Kind frei entwickeln kann.
- Kinder benötigen Liebe, Beachtung und Wertschätzung.
- Seien Sie für Ihr Kind ein berechenbares Vorbild, an dem sich Ihr Kind orientieren kann.
- Unterstützen Sie Ihr Kind dabei, wenn es versucht, sich seine Umwelt anzueignen. Gestalten Sie das Umfeld Ihres Kindes abwechslungsreich und schaffen Sie Freiräume für neue Erfahrungen.
- Lassen Sie zu, dass Ihr Kind sich selbst verwirklichen kann. Das heißt, dass Sie Ihrem Kind ermöglichen, dass es Dinge selber tun kann, damit seine autonome Entwicklung unterstützt wird.
- Schaffen Sie spielerische Herausforderungen, die Ihr Kind bewältigen kann. Achten Sie dabei darauf, dass Ihr Kind weder über- noch unterfordert wird.

Spielerisch zur Persönlichkeitsentwicklung von Kindern und Jugendlichen

Zur Erinnerung:
Mit dem Begriff der Selbstregulation wird die Fähigkeit umschrieben, die eigenen Gedanken, Verhaltensweisen und Gefühle an die Anforderungen einer bestimmten Situation anzupassen, um die eigenen Bedürfnisse zu erfüllen. Sie steht somit sowohl im Zusammenhang mit den eigenen Bedürfnissen als auch mit den sozialen Normen und Werten einer Gesellschaft.

Folgt man dem Modell von *Frederick Kanfer* (1925–2002), besteht die Selbstregulation aus verschiedenen Säulen: *Selbstbeobachtung, Selbstbewertung* sowie *Selbstverstärkung.*

Steckbrief:

Frederick Kanfer (1925–2002)
Professor für Psychologie

Frederick Kanfer wurde 1925 in Österreich geboren und emigrierte 1941 im Alter von 16 Jahren in die USA. Dort interessierte er sich zunächst für die Ingenieurwissenschaften sowie für die Biologie, bevor er sich im Anschluss der Psychologie widmete. 1953 erhielt er nach seinem Militärdienst in Bloomington seinen philosophischen Doktor (Ph. D.) und wurde assistierender Professor. Von 1973 bis 1995 war er als Professor tätig. Mit seiner **Selbstmanagement-Theorie** leistete er in diesen Jahren einen wichtigen Beitrag zur Verhaltenstherapie.

Selbstbeobachtung

Innerhalb des Prozesses der Selbstbeobachtung werden Informationen über das eigene Handeln eingeholt. Mit der Beobachtung des eigenen Verhaltens wird somit eine Art Ist-Analyse erstellt. Sie beinhaltet dabei das Registrieren und Beobachten der eigenen Verhaltensweisen sowohl hinsichtlich der offensichtlich erkennbaren als auch der verdeckten Verhaltensweisen.

Selbstbewertung

Bei der Selbstbewertung werden die während der Selbstbeobachtung eingeholten Informationen mit den allgemeinen Standards abgeglichen. In diesem Kontext wird der innerhalb der Selbstbeobachtung ermittelte Ist-Wert mit dem Soll-Wert verglichen.

Selbstverstärkung

Innerhalb des Prozesses der Selbstverstärkung werden sowohl die negativen als auch die positiven Konsequenzen für die jeweiligen Handlungen abgeschätzt. Hier wird somit ein motivationales Verhalten beschrieben, das zur Veränderung des eigenen Verhaltens führen kann.

Im Verlauf der Selbstregulation können diese Prozesse mehrfach durchlaufen werden, bis eine zufriedenstellende Reaktion auf die jeweilige Situation gefunden wurde. Sie stehen in unmittelbarem Zusammenhang zueinander und greifen ineinander über.

Nach Kanfer ergibt sich zudem ein Spezialfall der Selbstregulation: die Selbstkontrolle. Diese kommt immer dann zum Einsatz, wenn Verhaltensalternativen entwickelt werden müssen, die mit dem eigenen Verhalten in Konflikt stehen.

Beispiel für Selbstkontrolle nach Kanfer:
Ein langjähriger Raucher möchte sich das Rauchen abgewöhnen. An einem geselligen Abend wird ihm eine Zigarette angeboten. Diese lehnt er ab, obwohl er ein inneres Verlangen verspürt, sie anzunehmen. Da er eine Rauchentwöhnung beabsichtigt, kontrolliert er sich jedoch selbst und verzichtet zugunsten seiner Gesundheit.

Spielerisch zur Selbstbeobachtung

Soll die Selbstbeobachtung spielerisch trainiert werden, werden innerhalb des Gruppenkontextes sowie des Individualkontextes dabei unterschiedliche Funktionen erfüllt. Hierzu gehören:

- die Wahrnehmung der Gefühle, des Verhaltens sowie der situativen Bedingungen (→ dient dem Sammeln wichtiger Erkenntnisse über die eigene Person) sowie
- die Selbstmotivation, die sich aus den gesammelten Erkenntnissen über die eigene Person ergibt.

Beispiel:
Beim Spielen auf dem Hof stellt das Kind fest, dass es friert. In der Folge wird dies das Kind dazu motivieren, beim nächsten Mal eine Jacke mitzunehmen, um nicht frieren zu müssen.

Konkret ergeben sich für die Selbstbeobachtung die nachfolgenden Spielideen für die Umsetzung:

Die Selbstbeobachtung – Drei Beispiele für die Entwicklung des Kompetenzbereichs

Übung für den Gruppenkontext – *Lügendetektor*
Altersgruppe: Kinder und Jugendliche ab 12 Jahren
Gruppengröße: 8 bis 10 Personen
Anleitung:
Alle Mitglieder der Gruppe sitzen in einem Halbkreis, um einen Stuhl, der so positioniert ist, dass alle auf die Person auf dem Stuhl blicken können. Auf dem Stuhl befindet sich ein Spieler. In einem Zeitfenster von einer bis zwei Minuten hat die Gruppe nun die Möglichkeit, dem Spieler auf dem Stuhl beliebige Fragen zu stellen, die der Spieler mit der Unwahrheit beantworten muss. Im Anschluss an jede Runde dürfen sich alle anhand von Beobachtungskriterien einige Notizen machen. Ist die Zeit vorüber, ist der nächste an der Reihe. Dieser Vorgang wird wiederholt, bis alle einmal auf dem Stuhl gesessen haben. Nach der Spielrunde wird das Spiel gemeinsam ausgewertet. Hierbei werden die Beobachtungen der Spieler während des Spielverlaufs gemeinsam erfasst und diskutiert. Dabei orientieren sich alle an den folgenden Beobachtungskriterien:

- Wie hat sich der Gefragte in der Fragesituation verhalten? War er körperlich unruhig, ausgeglichen, nervös, hat sich bei den Antworten versprochen oder hat er gegebenenfalls geschickt geantwortet?
- Welche Fragen wurden dem Befragten gestellt? Hat der Befragte in bestimmten Situationen unangemessen reagiert? Konnte er seine Impulse und Gefühle kontrollieren?

Tipp
Fühlt sich eines der Kinder unwohl in dieser Situation, sollte Hilfestellung geleistet oder die Zeit vorzeitig unterbrochen werden. Zudem sollten die Gefühle, die Kinder im Rahmen der Beobachtung äußern, ernst genommen und aufgefangen werden.

Übung für den Gruppenkontext – *Blinde Beobachtung*

Altersgruppe: Kinder und Jugendliche ab 8 Jahren

Gruppengröße: 12 bis 20 Personen

Anleitung:

Über einen bestimmten Zeitraum beobachten mehrere Mitglieder der Gruppe ein anderes Gruppenmitglied, ohne dass dieses darüber informiert ist. Dies kann sowohl im Rahmen eines anderen Spiels als auch im täglichen Geschehen erfolgen. Im Anschluss berichten die Beobachter über das Wahrgenommene. Gleichzeitig kann der Beobachtete im Anschluss seine Gefühle in der Situation äußern, sofern er die Beobachtung wahrgenommen hat. Dabei sollen die Beobachter den nachfolgenden Beobachtungskriterien folgen:

- Wie schildern die verschiedenen Beobachter das jeweilige Verhalten des Beobachteten? Wo ergeben sich Gemeinsamkeiten, wo Unterschiede? Worin könnten diese differenzierten Wahrnehmungen begründet liegen?
- Welche Gefühle hatte der Beobachtete? Woran konnte er die Beobachtung gegebenenfalls feststellen? Was ist ihm aufgefallen?
- In welchem Maß stehen die Beobachtungen in Verbindung zur persönlichen Beziehung des Einzelnen mit dem Beobachteten?

Tipp

Als Beobachter sollten Sie kein Kind auswählen, dass innerhalb des Gruppenkontextes eher eine negative Rolle einnimmt, da sich diese Verhaltensweisen andernfalls auch in den Beobachtungen widerspiegeln können und sich auf negative Verhaltensweisen beschränken.

Übung für den Individualkontext – Anregung zum Drehen

Altersgruppe: Säuglinge

Anleitung:

Auf einem weichen Untergrund wird der Säugling auf dem Rücken platziert. Innerhalb seines Sichtfeldes wird dann ein Gegenstand abgelegt, der für den Säugling auch bereits in der Vergangenheit als anregend empfunden wurde. Der Gegenstand wird dabei so abgelegt, dass der Säugling ihn zwar sieht, aber nur durch das Ausführen einer Drehbewegung auf die Seite oder vom Rücken auf den Bauch (je nach Entwicklungsstand des Säuglings) erreicht werden kann. Zeitlich sollte die Übung nur so lange durchgeführt werden, wie der Säugling sich tatsächlich interessiert zeigt. Sofern eine Überforderung wahrzunehmen ist, sollte das Spiel unterbrochen werden.

Kontext:

Bei diesem Spiel lernt der Säugling durch die Beobachtung seines eigenen Verhaltens, wie beispielsweise das Strampeln mit den Beinen oder die Verlagerung des Gewichts, wie er den Gegenstand möglicherweise erreichen kann.

Kinderleicht reflektieren: Selbstbewertung

Zur Erinnerung:

Bei der Selbstbewertung werden die Erkenntnisse, die im Rahmen der Selbstbeobachtung gesammelt wurden, mit den eigenen Zielen abgeglichen. Die Ziele entsprechen dabei den inneren Eigenschaften der eigenen Person.

Methodisch geht es innerhalb der Selbstbewertung daher darum, die eigenen Handlungen zu hinterfragen und diese vor dem Hintergrund des Gesamtkontextes zu bewerten und bei Bedarf anzupassen.

Beispiel:

Kind A beschreibt Kind B einen Gegenstand. Kind B erkennt den beschriebenen Gegenstand aufgrund der Ungenauigkeit der Beschreibung nicht und meldet die Unwissenheit über die Beschaffenheit des Gegenstandes zurück. In der Folge wird sich Kind A aufgrund der Prozesse der Selbstbewertung hinterfragen und annehmen, dass die eigenen Beschreibungen nicht genau genug waren. Im Anschluss wird es versuchen, die bisherigen Beschreibungen zu erweitern, sodass Kind B versteht, um welchen Gegenstand es sich handelt (zum Beispiel in einem Spiel).

Soll die Selbstbewertung trainiert werden, können sowohl für den Gruppenkontext als auch für den Individualkontext die nachfolgenden Spielideen genutzt werden:

Die Selbstbewertung – Drei Beispiele für die Entwicklung des Kompetenzbereichs

Übung für den Gruppenkontext – Ich sehe was, was du nicht siehst
Altersgruppe: ab 3 Jahren
Gruppenstärke: ab zwei Spieler
Anleitung:
Bei diesem Spiel sitzen alle Mitspieler zusammen in einem Kreis. Ein Spieler macht den Anfang. Er überlegt sich einen Gegenstand im Raum, den er anhand einer bestimmten Eigenschaft beschreibt. Er sagt: „Ich sehe was, was du nicht siehst und das ist ..." Die anderen Gruppenmitglieder raten im Anschluss anhand der im Raum wahrnehmbaren Gegenstände, welchen Gegenstand der Spieler sieht. Wer den Gegenstand errät, ist als nächster an der Reihe.

Kontext:
Während dieses Spiels lernen Kinder unterbewusst, dass ihre Spielpartner bei genauer Beschreibung des Gegenstandes diesen besser und leichter erraten können. Hieraus lässt sich ableiten: Je genauer die eigene Beschreibung, desto besser für das Spiel.

Übung für den Gruppenkontext – Selbsteinschätzungsbogen
Altersgruppe: ab sechs Jahren
Gruppenstärke: beliebig sowohl im Individualkontext als auch im Gruppenkontext umsetzbar
Anleitung:
Lehrkräfte oder Eltern erstellen anhand bestimmter Merkmale einen Selbsteinschätzungsbogen, anhand dem Kinder ihre eigenen Fähigkeiten einschätzen sollen. Für Kinder, die noch nicht lesen können, muss dieser auf einer bildlichen Darstellung sowie einer mündlichen Erklärung basieren. Hierzu wird der Bogen an jedes Kind zusammen mit einem Stift ausgeteilt. Im Anschluss werden die Kategorien nach und nach durchgesprochen. Ist eine Kategorie besprochen, werden die Kinder gebeten, anhand von Smileys ihre Einschätzung abzugeben. Im Anschluss kann gemeinsam mit allen Kindern besprochen werden, was für welche Fähigkeit nötig ist, sodass ein Gefühl dafür entsteht, wo bereits gute Kompetenzen vorhanden sind und wo möglicherweise noch Nachholbedarf besteht.

Übung für den Individualkontext – Als-ob-Spiele
Altersgruppe: etwa ab der Mitte des zweiten Lebensjahres
Anleitung:
An unterschiedlichen Orten innerhalb der Wohnung wird ein Spiegel so aufgebaut, dass sich das Kleinkind darin betrachten kann. Hierbei lernt es, wie es aussieht und wer es ist.

Kontext:
Als-ob-Spiele werden innerhalb der kindlichen Entwicklung bereits am Ende des ersten Lebensjahres beobachtet. Durch das Versetzen in eine Als-ob-Situation entdecken Kinder ihr eigenes Selbst und grenzen sich von anderen ab.

Tipp
Für ältere Kinder eignen sich hierbei Rollenspiele aller Art, bei denen sie in andere Rollen und Kontexte schlüpfen können.

Sich selbst motivieren lernen: Selbstverstärkung

Bei der Selbstverstärkung geht es vor allem darum, Handlungen aus eigenem Antrieb heraus umzusetzen. Sie ergibt sich aus der Selbstbewertung und steuert das eigene Verhalten.

Beispiel:
Nach einer anstrengenden Gruppeninteraktion beschäftigt sich ein Kind in der Spielecke mit dem Lieblingsspielzeug. Die Beschäftigung mit dem Lieblingsspielzeug kann dabei als Belohnungshandlung verstanden werden, die dazu beiträgt, die eigene Anspannung, die sich aus der vorherigen Tätigkeit ergeben hat, zu regulieren.

Auch der Bereich der Selbstverstärkung kann innerhalb der Selbstregulation durch unterschiedlich gestaltete Anregungen spielerisch gefördert werden. Hierzu finden sich nachfolgend drei Beispiele, die sich in verschiedenen Kontexten und Altersstufen anwenden lassen.

Die Selbstverstärkung – Drei Beispiele für die Entwicklung des Kompetenzbereichs

Übung für den Gruppenkontext – Bodyscan

Altersgruppe: ab 6 Jahren

Gruppenstärke: beliebig sowohl im Individualkontext als auch im Gruppenkontext umsetzbar

Anleitung:

Diese Übung lässt sich gut im Kontext des Bewegungsunterrichtes umsetzen. Hierbei werden die Kinder gebeten, sich im Raum anhand ihrer Sportmatte zu verteilen und sich auf der Sportmatte zu platzieren. Haben alle Kinder einen Platz gefunden, werden sie angewiesen, sich in eine liegende Position zu begeben, bei der das Gesicht zur Decke gerichtet ist, sodass Ablenkungen nicht wahrgenommen werden. Dann werden die Kinder gebeten, genau auf die Fragen zu hören und diesen zu folgen. Dabei werden die folgenden Fragen gestellt, die die Kinder gedanklich für sich beantworten sollen:

- Wie fühlen sich deine Füße gerade an? Nimmst du etwas Besonderes wahr?
- Haben deine Füße Kontakt zum Boden? An welcher Stelle deines Fußes berühren sie den Boden?
- Fühlt sich der rechte Fuß anders an als der linke Fuß?
- Ist ein Fuß entspannter als der andere?
- Wie fühlt sich der Körper an? Wird er durch das Liegen schwerer?
- Was spürst du?

Tipp

Im Anschluss an die Beantwortung der Fragestellungen sollte gemeinsam mit den Kindern ausgewertet werden, was diese Situation mit ihnen gemacht hat. Besonders angespannte Kinder werden auf diese Weise aus ihrer Aufregung entlassen und lernen, besser zu entspannen.

Übung für den Gruppenkontext – Fühlpfad: Ich spüre mich

Altersgruppe: Kinder im Kindergartenalter

Gruppengröße: beliebig sowohl im Individualkontext als auch im Gruppenkontext umsetzbar

Anleitung:

Diese Übung kann sowohl im Innen- als auch im Außenbereich durchgeführt werden. Soll der Fühlpfad draußen angelegt werden, sollten die Kinder ihre Schuhe ausziehen, um die unterschiedlichen Reize über die Fußsohlen sensibel wahrnehmen zu können. Hierbei kann der Fühlpfad sowohl fest in den Außenbereich einer Kindertageseinrichtung integriert als auch immer wieder neu aufgebaut werden. Für die Herstellung des Pfads werden Sand, Kieselsteine, Rindenmulch, Stroh und Heu benötigt. Darüber hinaus sind weitere erfühlbare Materialien denkbar. Dabei sollte jedoch beachtet werden, dass die gewählten Materialien keine scharfen Kanten aufweisen, damit kein Verletzungsrisiko besteht. Im Anschluss werden die Materialien in unterschiedlichen Bereichen (zum Beispiel in Plastikwannen) aufgebracht. Dann dürfen die Kinder unter Aufsicht mit ihren Füßen hineinschreiten und die Materialien mit ihren Sinnen wahrnehmen.

Kontext:

Bei dieser Übung soll die kindliche Sinneswahrnehmung zur Verstärkung des eigenen Selbst führen. Auf diese Weise lernen Kinder, ihre Wahrnehmung zu schärfen.

Tipp

Bei schlechtem Wetter kann die Übung im Innenbereich durch das Erfühlen der Materialien über die Hände umgesetzt werden. Hier werden ebenfalls verschiedene Materialien in Schalen gegeben, die die Kinder im Anschluss unter Aufsicht anfassen dürfen. Soll die Schwierigkeit gesteigert werden, können die Materialien blind erfühlt werden.

Übung für den Individualkontext – Waldspaziergang

Altersgruppe: ab 5 Jahren

Anleitung:

Bei dieser Übung kann das Kind mit seiner Bezugsperson beispielsweise durch den Wald spazieren. Bevor es losgeht, wird besprochen, dass beide leise sind und den Geräuschen der Natur lauschen. Hierbei sollte der Zeitraum entsprechend des Alters angepasst werden, um das Kind nicht zu überfordern. Im Anschluss an die kurze Schweigeepisode werden dann gemeinsam alle gehörten Geräusche besprochen. Hierbei können zum Beispiel folgende Fragen gestellt werden:

- Welche Geräusche hast du gehört?
- Wie hat sich das angehört? Kennst du etwas, das sich ähnlich anhört?
- Konntest du Tiere, die du kennst, hören?
- Welche Gerüche konntest du wahrnehmen?

Tipp

Im Anschluss an den Waldspaziergang kann das Thema aufgegriffen und vertieft werden. Hierzu können die unbekannten Geräusche mit dem Kind genauer studiert werden. War beispielsweise ein Wildschwein zu hören, welches das Kind bis dahin nicht kannte, kann im Nachgang des Spaziergangs gemeinsam geforscht und anhand von Bildern oder Geschichten Unbekanntes visuell ergänzt werden, damit das Kind mit den Geräuschen Wissen verbinden kann, das es beim nächsten Waldspaziergang mit dem neu Erlernten erweitert.

Darüber hinaus ist diese Übung auch in anderen Kontexten außerhalb des Waldes denkbar.

72 tolle Gruppen- und Individualspiele zur Förderung der Selbstregulation

Im Rahmen der nachfolgenden Kapitel des Ratgebers werden nun praktische Spielanleitungen geliefert, die die unterschiedlichen Bereiche der kindlichen Selbstregulation ansprechen.

Hierbei werden unter anderem Bewegungsspiele sowie Spiele, die

- das Aktivitätslevel steigern,
- das Lautstärkelevel regulieren,
- die Imagination und die Fokussierung stärken,
- die Kognition und Merkfähigkeit weiterentwickeln,
- unterschiedliche Impulse anregen,
- die Impulskontrolle verbessern,
- die Wahrnehmung von Gefühlen ansprechen und
- bei der Bewältigung von Aggression unterstützen.

erläutert. Zuletzt werden auch rituelle Spielideen vorgestellt, die die Gemeinschaft und den Zusammenhalt fördern.

Bei der Darbietung der Spielanregungen wurde sowohl das Kindergartenalter als auch das Alter von Grundschülern bis 12 Jahren berücksichtigt und auch der Gruppenkontext sowie Individualzusammenhänge werden beispielhaft behandelt.

Raus mit der Energie: Bewegungsspiele und mehr

Bewegungen fördern die kindliche Entwicklung. Sie sind daher ein guter Begleiter, wenn es darum geht, entspannt zu lernen oder durch den Tag zu kommen. Dies gilt nicht nur für den Schulalltag, sondern auch für das Zusammensein mit der Familie. Kinder, die sich ausreichend bewegen, sind ausgeglichener, da sie überschüssige Energien über Bewegungen abbauen konnten. Im Kontext der schulischen Entwicklung ist die Bewegung wichtig, um kognitive Aktivitäten zu unterstützen. Das kindliche Gehirn ist nur begrenzt aufnahmefähig, sodass der Arbeitsspeicher irgendwann unempfindlich gegenüber Lerninhalten wird. Viele Kinder reagieren in diesen Situationen lustlos und werden innerhalb von Lernprozessen unruhig. Meist ist dieses Verhalten ein Zeichen dafür, dass das Kind ein Bedürfnis nach einer Pause verspürt und sich austoben muss, um die geistigen Ressourcen für die weitere Auseinandersetzung mit dem Lernstoff aufzuladen. Die körperliche Aktivität des Kindes steigert dabei das Wohlbefinden und der Geist wird angeregt, was mit einer Verbesserung der Laune einhergeht. In diesem Rahmen werden zudem die Aufmerksamkeit und die Konzentration erhöht, sodass das Lernen im Anschluss wieder leichter fällt. Auf diese Weise unterstützen vielfältige Bewegungs- und Sinnesanregungen das Kind in seiner Entwicklung und tragen dazu bei, dass es mit Stress besser umgehen und Anspannung besser regulieren kann. Grundsätzlich können daher auch im Kontext von Bewegungsspielen die kindlichen Selbstregulationsprozesse trainiert werden.

Beispiel:
Während eines Ballspiels (sowohl im Gruppen- als auch im Individualkontext) müssen Kinder stetig mit dem Ärger über einen möglichen Ballverlust sowie mit der Freude über einen Ballgewinn umgehen. Damit das Ziel des Spiels erreicht wird, muss das Kind immer wieder seine volle Aufmerksamkeit und Konzentration auf das Spiel richten und Emotionen, die durch einen möglichen Ballverlust oder einen Ballgewinn entstehen, regulieren. Somit ist beispielsweise die emotionale Kontrolle während des Spiels allgegenwärtig.

Um die Bewegung von Kindern im Laufe eines Tages zwischenzeitlich zu steigern, können diverse Spielideen eingesetzt werden.

Individualkontext

Spielideen für den Individualkontext – Kindergartenalter

Spielidee: Das Krabbelmonster

Diese Spielidee eignet sich für den Innenbereich. Vor dem Start gehen alle Mitspieler in Krabbelstellung auf allen Vieren. Dabei umfassen sie jeweils die Fuß-Knöchel des Vordermanns. Im Anschluss setzt sich das so entstehende Krabbelmonster langsam in Bewegung und krabbelt durch die ganze Wohnung. Der Kopf des Krabbelmonsters bestimmt hierbei die jeweilige Richtung. Ziel des Spiels ist es, die Fußknöchel des anderen während des gesamten Spiels nicht loszulassen und jedes Hindernis gemeinsam zu überwinden. Damit jeder einmal die Richtung vorgeben kann, kann zwischendrin die Position gewechselt werden.

Tipp

Wird das Spiel in der Familie gespielt, können zwei verschiedene Teams erstellt werden. Wer zuerst die Knöchel des Vordermanns loslässt, verliert.

Spielidee: Luftballon-Tanz

Dieses Spiel kann sowohl im Innen- als auch im Außenbereich umgesetzt werden. Bei diesem Spiel erhält das Kind einen Luftballon. Diesen muss es, solange die Musik läuft, durch Berührungen mit der Hand oder anderen Körperteilen dauerhaft in der Luft halten, ohne dass dieser den Boden berührt. Geht die Musik aus, darf es den Luftballon auffangen. Auch hierbei ist es das Ziel, dass der Luftballon nicht verloren geht und den Boden nicht berührt. Startet die Musik erneut, setzt das Kind neu an.

Tipp

Das Spiel lässt sich sowohl im Individualkontext als auch im Gruppenkontext umsetzen. Zudem kann die Schwierigkeit gesteigert werden. Hierzu können sich im Gruppenkontext zwei Kinder zusammentun, die den Luftballon, während die Musik läuft, mit ihren Bäuchen oder der Stirn halten und sich währenddessen vorsichtig zur Musik bewegen, solange sie läuft. Besonders beliebt ist dieses Spiel auch an Kindergeburtstagen.

Spielideen für den Individualkontext – Grundschulalter bis 12 Jahre

Spielidee: Deckelweitwurf

Dieses Spiel können Sie sowohl im Innen- als auch im Außenbereich umsetzen. Hierzu befestigen Sie mit Klebeband auf dem Boden ein großes Viereck. In der Mitte des Vierecks wird ein Behältnis aufgestellt. Im Anschluss geben Sie dem Kind eine begrenzte Menge an Bierdeckeln (beispielsweise 10). Dann wird eine Stelle festgelegt, von der aus das Kind versuchen kann, das Behältnis mit den Bierdeckeln zu treffen.

Tipp

Um den Schwierigkeitsgrad zu steigern, können Sie die Größe des Behältnisses variieren. Für den Außenbereich eignet sich beispielsweise ein Tuch als Zielscheibe beziehungsweise Zielquadrat.

Spielidee: Nicht den Boden berühren

Dieses Spiel kann sowohl im Innen- als auch im Außenbereich umgesetzt werden. Für die Umsetzung des Spiels wird der Boden mit Kissen, Decken oder kleinen Handtüchern ausgelegt, sodass sich zwischen den Materialien kleine Abstände ergeben. Um von Hindernis zu Hindernis beziehungsweise von Kissen zu Kissen oder von Kissen zu Decke zu kommen, muss das Kind zwischen den Hindernissen hin und her springen oder diese mit großen Schritten überwinden. Der Boden darf währenddessen nicht vom Kind berührt werden. Dies kann durch die Anweisung ‚Der Boden ist Lava!' verdeutlicht werden. Ziel ist es, alle Hindernisse zu überwinden, ohne dass der Boden dabei berührt wird.

Tipp

Um den Schwierigkeitsgrad zu steigern, kann für die Überwindung der Hindernisse eine bestimmte Zeit eingeräumt werden.

Gruppenkontext

Spielideen für den Gruppenkontext – Kindergartenalter

Spielidee: Wir sind bärenstark

Dieses Spiel kann sowohl im Innen- als auch im Außenbereich umgesetzt werden. Hierzu werden die Kinder angeleitet, einen großen und starken Bären zu imitieren. Bevor das Spiel startet, beschreibt die Fachkraft, dass sich Bären langsam und gemächlich bewegen. Jedes Kind stellt im Anschluss im Spiel dann einen Bären dar. Jeder Bär begibt sich dabei auf Anweisung der Fachkraft in unterschiedliche Gesamtzusammenhänge:

- Ein Bär, der in Zeitlupe Sport macht.
- Ein Bär, der mit einem anderen Bären tanzt.
- Ein Bär, der sich unter einem Baumstamm durchquetscht.
- Ein Bär, der Springseil springt.
- Ein Bär, der sich an ein Bienennest anschleicht.
- Ein Bär, der sich in den Winterschlaf begibt.
- ...

Tipp

Um das Spiel aufregender zu gestalten, kann ihm eine spannende Geschichte von einem Bären vorausgehen. Zudem kann die Atmosphäre im Hintergrund mit ‚bäriger' Musik hinterlegt werden, um die Kreativität der Kinder anzuregen.

Spielidee: Seiltänzer

Dieses Spiel eignet sich sowohl im Innen- als auch im Außenbereich. Für die Ausgestaltung des Spiels werden Springseile in einer Reihe ausgelegt. Im Anschluss werden die Kinder angewiesen, eines nach dem anderen, über das am Boden liegende Seil zu balancieren. In der Mitte des Seils soll jedes Kind anhalten, um die Pose eines Seiltänzers, die es beliebig wählen kann, nachzuahmen. Erreicht das Kind das Ende des Seils, applaudiert das Publikum. Dann ist das nächste Kind an der Reihe.

Tipp

Um die Situation anregender zu gestalten, sollte der Hintergrund mit Zirkusmusik hinterlegt werden. Zudem können zur Anregung der Kreativität in einem Probedurchgang durch die Fachkraft mögliche Seiltänzerposen vorgemacht werden, sodass sichergestellt ist, dass jedem Kind etwas einfällt, was es vorführen kann. Darüber hinaus kann die Fachkraft in die Rolle eines Clowns schlüpfen, während eine weitere Fachkraft als Zirkusdirektor jedes einzelne Kind dramatisch ankündigt.

Spielideen für den Gruppenkontext – Grundschulalter bis 12 Jahre

Spielidee: Verdrehter Kreislauf

Dieses Spiel eignet sich sowohl für den Innen- als auch für den Außenbereich. Für die Umsetzung bilden die Kinder einen Außen- sowie einen Innenkreis. Hierzu teilt die Lehrerin die Schüler in zwei Gruppen. Im Hintergrund wird Musik angeschaltet, zu der sich dann beide Kreise an den Händen gefasst entgegengesetzt zueinander drehen. Die Bewegungsrichtung wird durch die Lehrerin festgelegt. Wenn die Musik stoppt, bleiben beide Kreise stehen. Dann dreht sich jedes Kind so, dass ein Kind des Innenkreises einem Kind des Außenkreises gegenübersteht. Dann erteilt die Lehrerin die Aufforderung: „Sagt euch gegenseitig eure Namen." Im Anschluss setzt die Musik weiter fort. Stoppt die Musik das nächste Mal, kann die Aufgabe variiert werden.

Tipp

Die Aufgabe kann von der Lehrerin beliebig abgewandelt werden. So kann beispielsweise die Aufgabenstellung auch wie folgt lauten:

- „Sagt einander etwas Nettes."
- „Fasst euch an den Händen und geht gemeinsam in die Hocke und streckt die Beine wieder."
- „Nennt euch euer Lieblingstier."
- „Nennt euch euer Lieblingsschulfach."
- „Lächelt einander an."
- ...

Spielidee: Weitwurfwettbewerb

Das Spiel eignet sich ausschließlich für den Einsatz im Außenbereich oder in einer Sporthalle. Für die Gestaltung des Spiels legt die Lehrkraft Wurfgeräte, wie beispielsweise Bälle, in unterschiedlichen Größen und Gewichten oder Wurfscheiben bereit. Aus dieser Sammlung darf sich jedes Kind ein beliebiges Wurfobjekt auswählen. Dann stellen sich die Kinder in einer Reihe hinter der Startlinie, von der aus geworfen werden soll, auf. Im weiteren Verlauf hat jedes Kind drei Versuche für seinen Wurf. Dabei wird der weiteste Wurf mit Kreide und dem Namen des jeweiligen Kindes oder alternativ mit Kreppband markiert.

Tipp

Für die Steigerung des Schwierigkeitsgrads können die drei Würfe auf eine bestimmte Zeit begrenzt werden. Zudem ist es möglich, die Spielidee weiter zu variieren. So kann aus einem Weitwurf beispielsweise ein Zielwurf werden, bei dem eine riesige Zielscheibe auf dem Boden (entweder aufgemalt oder in Form eines bunten Tuchs) platziert werden kann. Das Kind, das die Mitte trifft, gewinnt.

Auf einen Blick:

Warum Bewegungsspiele innerhalb der kindlichen Entwicklung wichtig sind

Für eine gesunde kindliche Entwicklung ist die körperliche Aktivität wichtig. Sie trägt zu einer gesunden physischen Entwicklung bei und wirkt sich daher positiv aus. Zudem haben Kinder einen inneren Bewegungsdrang, bei dem sie ihre Wahrnehmung, ihre Raumerfahrung sowie ihren Gleichgewichtssinn und ihre Körpererfahrungen schulen. In der Folge führt dies zum Aufbau des kindlichen Selbstbewusstseins und zu einer positiv empfundenen Selbstwahrnehmung. Darüber hinaus ergeben sich die folgenden positiven Effekte:

- Förderung des Stoffwechsels
- Festigung der Knochen
- Entwicklung der Muskeln und Organe
- wachsende Mobilität
- besseres Bewegungsbewusstsein
- Unterstützung der emotionalen Regulation
- Abbau von Frust

Aktivitätslevel steigern

Aktivierungsspiele sind kleine Spiele, die die Gruppendynamik fördern und die Energiereserven im Verlauf des Tages steigern. Sie erfüllen den Zweck, die Kinder bei der Durchführung aufzuwecken und die körperlichen und geistigen Ressourcen zu reaktivieren. Darüber hinaus ist es das Ziel von Aktivierungsspielen, dem Kind Freude zu bereiten und mehr Aktivität zu verleihen. Bei der Durchführung eignen sich Aktivierungsspiele sowohl für den Einsatz im Kindergarten als auch in Schulklassen oder in Jugendgruppen. Die meisten Aktivierungsspiele beabsichtigen zudem, Hemmungen abzubauen und somit die Atmosphäre zu lockern. Damit die Kinder während des Aktivierungsspiels motiviert werden, mitzumachen, sollten Fachkräfte oder Bezugspersonen während des Spiels mit gutem Beispiel vorangehen. Die meisten Aktivierungsspiele benötigen für die Durchführung nur wenige Materialien, sodass sie auch spontan umgesetzt werden können. In Bezug auf die Thematik der Selbstregulation sind Aktivitätsspiele daher wichtig, um Kindern Strategien aufzuzeigen, die sie dabei unterstützen, im Verlauf von anstrengenden Phasen zu ihrer Konzentration zurückzukehren. Um die Aktivität von Kindern im Laufe eines Tages zwischenzeitlich zu steigern, können diverse Aktivierungsspiele Abhilfe schaffen.

Individualkontext

Spielideen für den Individualkontext – Kindergartenalter

Spielidee: Hüpfkästchen oder Himmel und Hölle

Dieses Spiel eignet sich für die Umsetzung im Außenbereich. Für die Umsetzung zeichnen Sie auf die Straße oder einen asphaltierten Untergrund ein Hüpfkästchen auf. Um es dem Kind zu erleichtern, können Sie die erste Runde vorhüpfen. Im Anschluss muss das Kind auf einem Bein durch alle Kästchen hüpfen und zum Beginn zurückkehren. Dann wird das Bein gewechselt.

Tipp

Den Schwierigkeitsgrad können Sie steigern, indem Sie mit einem Stein vor Beginn des Spiels in eines der Kästchen zielen. In diesem Fall muss das Kind sich bei Erreichen des entsprechenden Kästchens auf einem Bein bücken, um den Stein aufzuheben und mit ihm zurückzukehren. Darüber hinaus können Kinder, die noch nicht gut auf einem Bein hüpfen können, auch beidbeinig durch die Kästchen hüpfen.

In der Variante *Himmel und Hölle* verfügt das Hüpfkästchen in zwei Reihen über drei Kästchen nebeneinander. Hierbei werden die beiden äußeren Kästchen gleichzeitig erhüpft. Dabei landet der linke Fuß jeweils im äußeren linken Kästchen und der rechte Fuß im äußeren rechten Kästchen, bevor auf einem Bein weiter gehüpft wird.

Werden die Kästchen mit Zahlen versehen, kann das Spiel auch für ältere Kinder interessant sein. Hierbei werden die Kinder gebeten, die Kästchen in der Reihenfolge der Zahlen zu durchqueren.

Spielidee: Balanceübung

Dieses Spiel eignet sich sowohl für die Umsetzung im Innen- als auch im Außenbereich. Für die Umsetzung werden dem Kind zwei Schüsseln oder Gefäße bereitgestellt. Im Anschluss darf das Kind versuchen, verschiedene Gegenstände mithilfe eines Löffels oder Ähnlichem von einer Schüssel in die andere zu transferieren. Als Gegenstände eignen sich beispielsweise Murmeln, trockene Erbsen, Linsen, Flummis oder Federn.

Tipp

Um den Schwierigkeitsgrad zu intensivieren, können die beiden Gefäße in etwas weitere Entfernung zueinander aufgebaut werden, sodass das Kind mit dem Löffel und dem Gegenstand eine gewisse Entfernung überwinden muss. Zudem können auf dem Weg Hindernisse aufgebaut werden, die das Kind überwinden muss, ohne den Gegenstand vom Löffel zu verlieren. Für die weitere Steigerung der Schwierigkeit kann zudem das Rückwärtslaufen eingesetzt werden. Darüber hinaus kann das Spiel im Gruppenkontext eingesetzt werden. Hierzu bildet die Fachkraft Gruppen, sodass die Kinder gegeneinander antreten und nach der Beförderung eines Gegenstands der Löffel an das nächste Kind übergeben wird.

Spielideen für den Individualkontext – Grundschulalter bis 12 Jahre

Spielidee: Hindernisparcours – Storch im Salat
Dieses Spiel eignet sich sowohl für den Innen- als auch für den Außenbereich. Für die Umsetzung des Hindernisparcours bauen die Eltern oder Bezugspersonen einen Hindernisparcours im Innen- oder Außenbereich auf, den das Kind überwinden muss. Hierzu eignen sich im Innenbereich sowohl Kissen als auch Möbelstücke oder Stühle. Nachdem der Hindernisparcours aufgebaut ist, muss das Kind auf Anweisung die Hindernisse entweder überqueren oder unter ihnen durchkriechen.

Tipp
Um die Intensität und den Schwierigkeitsgrad zu steigern, kann für die Überquerung des Hindernisparcours eine festgelegte Zeit vorgegeben werden. Im Anschluss kann das Kind versuchen, seine Bestzeit erneut zu übertreffen.

Spielidee: Kegeln oder Neun auf einen Streich

Dieses Spiel eignet sich sowohl für den Innen- als auch für den Außenbereich. Für die Umsetzung bereitet die Bezugsperson des Kindes ein Spielfeld vor. Hierauf befinden sich neun Kegel. Diese können durch leere PET-Flaschen imitiert werden. Die Kegel werden in einem Dreieck so aufgestellt, dass die vorderste Flasche, die zum Kind zeigt, die Spitze des Dreiecks bildet. Hierzu werden neun leere Plastikflaschen benötigt. Von der Startlinie aus darf das Kind dann dreimal mit dem Ball in Richtung der Flaschen kegeln und versuchen, die Flaschen zu treffen. Gezählt werden dabei die getroffenen Flaschen. Mit unterschiedlichen Bällen kann das Kind sich ausprobieren und versuchen, die beste Technik zu finden.

Tipp

Damit die PET-Flaschen nicht so leicht umzuwerfen sind, können sie mit etwas Sand befüllt werden, um den Schwierigkeitsgrad des Spiels zu erhöhen. Darüber hinaus kann die Schwierigkeitsstufe durch die Variation der Größe des Balles reguliert werden. Außerdem lässt sich dieses Spiel auch im Gruppenkontext mit beliebig vielen Spielern umsetzen. Im Innenbereich sollte darauf geachtet werden, dass ein weicher Ball verwendet wird, sodass die Inneneinrichtung keinen Schaden nimmt.

Gruppenkontext

Spielideen für den Gruppenkontext – Kindergartenalter

Spielidee: Stopptanz

Dieses Spiel eignet sich sowohl für den Innen- als auch für den Außenbereich. Für die Umsetzung erläutert die Fachkraft die Regeln. Wenn die Musik angeschaltet wird, dürfen die Kinder nach Belieben tanzen, springen und hüpfen und sich austoben. Stoppt die Musik, müssen alle Kinder umgehend stehen bleiben und dürfen sich nicht mehr bewegen. Erst wenn die Musik weiterspielt, dürfen sich die Kinder wieder bewegen. Auf diese Weise werden nicht nur die Gehirnzellen aktiviert, sondern auch die Reaktionsfähigkeit wird gefördert.

Tipp

Die Musik sollte in ihrem Tempo variieren. Auf einen schnellen Rhythmus folgt ein langsamer, sodass die Kinder während des Spiels nicht zu sehr angespannt werden. Die Motivation der Kinder kann zudem dadurch gesteigert werden, dass Kinder, die sich während des Stoppens der Musik bewegen, eine Runde aussetzen müssen.

Spielidee: Dreh dich, kleiner Kreisel

Dieses Spiel eignet sich sowohl für den Innen- als auch für den Außenbereich. Für dieses Spiel sollten alle Kinder den Text kennen:

Dreh dich, kleiner Kreisel.
Dreh dich immerzu.
Rundherum und rundherum, und jetzt kommst du.

Für die Umsetzung des Spiels stellen sich alle Kinder im Kreis auf. Ein Kind wird in der Mitte des Kreises platziert. Dieses Kind schließt die Augen und streckt seinen Arm mit ausgestrecktem Zeigefinger aus. Während alle anderen Kinder zusammen mit der Fachkraft das Lied singen, dreht sich das Kind in der Mitte um die eigene Achse. Wenn das Lied zu Ende ist, bleibt das Kind in der Mitte stehen und öffnet die Augen. Das Kind, auf das sein Zeigefinger gerichtet ist, begibt sich als Nächstes in die Mitte des Kreises und das Lied wird wiederholt.

Tipp

Um die Intensität des Spiels zu steigern, können sich die Kinder im äußeren Kreis an den Händen nehmen und im Kreis um das Kind in der Mitte herumlaufen, während sie das Lied singen. Auf diese Weise bleiben auch die Kinder im äußeren Kreis in Bewegung und müssen sich nicht zu sehr gedulden, bis auch sie an der Reihe sind.

Spielideen für den Gruppenkontext – Grundschulalter bis 12 Jahre

Spielidee: Zip Zap Boing

Dieses Spiel eignet sich sowohl für den Innen- als auch für den Außenbereich. Diese Spielidee ist in unterschiedlichen Abwandlungen bekannt. Unter den Aktivierungsspielen stellt es einen Klassiker dar. Für die Durchführung stellen sich alle Kinder in einen Kreis. Dann erklärt die Lehrkraft die Regeln. Hierzu wird den Kindern erklärt, dass die Aktivität im Kreis mit einem Impuls startet. ‚Zip' ist dabei ein Impuls, der an den linken Nebenmann weitergegeben wird. Zur Weitergabe des Impulses wendet sich das Kind zum Nebenmann, klatscht laut in die Hände und sagt laut und deutlich ‚Zip'. Soll ein Impuls nach rechts weitergegeben werden, wendet sich das Kind nach rechts, klatscht laut in die Hände und sagt deutlich ‚Zap'. Für das ‚Boing'-Kommando wendet sich das Kind zu einem beliebigen Mitspieler innerhalb des Kreises (nicht die direkten Nachbarn). Für die Weitergabe des Impulses schaut es das jeweilige Gruppenmitglied klar und deutlich an und formt seine Handbewegungen, als wolle es einen unsichtbaren Ball zu ihm spielen. Diese Bewegung kommentiert das Kind mit dem Wort ‚Boing'. Im Anschluss setzt dieses Kind den Impuls fort. Ziel ist es, für die jeweilige Bewegungsrichtung das richtige Kommando zu wählen und dabei keinen Fehler zu machen.

Tipp

Um dem Spiel einen höheren Schwierigkeitsgrad zu verleihen, kann eine bestimmte Zeit für die Ausführung der Kommandos vorgegeben werden. Zudem können weitere Kommandos ergänzt werden. Darüber hinaus ist es möglich, das Kommando ‚Boing' zu verbieten, um so die Geschwindigkeit des Spiels zu erhöhen.

Spielidee: Runterzählen

Dieses Aktivierungsspiel hat einen geringeren Schwierigkeitsgrad. Es eignet sich sowohl für den Innen- als auch für den Außenbereich. Es funktioniert sowohl in großen als auch in kleinen Gruppenkontexten und bringt die Teilnehmer in Schwung. Für die Umsetzung stellen sich alle Kinder in einem Kreis auf. Anschließend werden alle Kinder von der Lehrkraft aufgefordert, gleichzeitig in zügigem Tempo von 1 bis 8 zu zählen. Dabei sollen sie während jeder Zahl mit der rechten Faust in die Luft schlagen. Anschließend zählen alle Kinder erneut ohne eine Pause von 1 bis 8. In diesem Durchgang wird jedoch mit der linken Faust in die Luft geschlagen. Für weitere Durchgänge wird dies jeweils mit dem Stampfen mit dem rechten Bein sowie im nachfolgenden Durchgang mit dem Stampfen mit dem linken Bein umgesetzt. Wurde für alle Gliedmaßen einmal von 1 bis 8 gezählt, wird im daran anschließenden Durchgang nur noch von 1 bis 7 gezählt. Ist auch der 7er-Durchgang beendet, geht es in der nächsten Runde nur noch bis 6 und so weiter. Das Tempo nimmt auf diese Weise zu. Bei der letzten Zahl im letzten Durchgang springen alle Kinder mit einem lauten Schrei in die Mitte des Kreises.

Tipp

Um den Schwierigkeitsgrad zu erhöhen, kann beim Durchzählen auch rückwärts von der größten Zahl zur kleinsten gezählt werden. Zudem sind je nach Wissensstand der Kinder bestimmte Bewegungen für gerade und bestimmte Bewegungen für ungerade Zahlen denkbar.

Auf einen Blick:

Warum Aktivierungsspiele wichtig sind

Besonders innerhalb von Gruppenkontexten können Aktivierungsspiele dazu beitragen, die Gruppendynamik sowie das Energielevel zu verbessern. Darüber hinaus bauen sie Hemmungen ab und helfen schüchternen Gruppenmitgliedern dabei, aus sich herauszukommen. Damit Aktivierungsspiele gelingen, sollten auch die Lehrkraft beziehungsweise die Fachkraft und die Eltern bei der Umsetzung Freude an der Durchführung zeigen. Folgendes sollte dabei über Aktivierungsspiele bekannt sein:

- Aktivierungsspiele kommen bei der Umsetzung mit wenig Material aus.
- Aktivierungsspiele tragen zur Steigerung der Konzentration bei und unterstützen das Kind, sich neu zu fokussieren.
- Zudem tragen sie dazu bei, Unruhe und Stress zu beseitigen. Sie machen somit den Kopf frei und sorgen dafür, dass das Kind wieder aufnahmefähig für neue Zusammenhänge ist.

Lautstärkelevel regulieren

Innerhalb des Familienalltags geht es häufig turbulent zu. So werden harmlose Situationen schnell laut und ufern aus. Dabei ist das Lautsein für die kindliche Persönlichkeitsentwicklung ein zentraler Baustein. Mithilfe einer lauten Stimme lernen Kinder, sich innerhalb von Gruppen zurechtzufinden. Auch die Selbstbehauptung wird in diesem Kontext eingeübt. Dabei messen sie sich nicht nur an anderen, sondern verschaffen sich Gehör und setzen sich im Zusammenhang der Gruppe durch. Zudem wird das Lautsein bei kleineren Kindern häufig durch angestaute Emotionen bedingt. Es fungiert dabei als ein Ventil, das bei der Betätigung von Emotionen überwältigt wird. In einigen Fällen kann es daher vorkommen, dass das Lautsein des Kindes eine Art und Weise ist, um Gefühle auszudrücken. Nicht zuletzt weisen insbesondere kleine Kinder noch nicht den geeigneten Wortschatz auf, um ihr Repertoire an Gefühlen in Worte zu fassen. Außerdem experimentieren Kinder im Laufe ihrer Entwicklung mit den Mustern ihrer Stimme. Zum Lautsein gehört jedoch nicht nur die Stimme, sondern auch Bewegungen, wie Hüpfen, Stapfen, Kippen und Stampfen, die die Lautstärke des Kindes unterstützen, zählen dazu. Lautsein und Schreien gilt daher innerhalb der kindlichen Weiterentwicklung als ein zentraler Bestandteil der Persönlichkeitsentwicklung. Daneben ist die

Lautstärke eines Kindes immer auch in Abhängigkeit von seinem Temperament zu betrachten. Somit hilft das Lautsein dem Kind dabei, seine eigenen Bedürfnisse zu verwirklichen, damit Kinder jedoch auch lernen, sich in angemessener Weise anzupassen und wieder zu einer gewöhnlichen Sprechlautstärke zurückzukehren, ist es wichtig, dass die Regulation der Lautstärke mit ihnen geübt wird. Das Eintrainieren dieses Regulationsprozesses kann dabei als Bestandteil für das Erlernen der für das gesellschaftliche Leben notwendigen Selbstregulation betrachtet werden. Um Kinder dennoch im Umgang mit Lautstärke zu schulen und sie bei der Regulation angemessen zu unterstützen, können diverse Spielideen sowohl im Individual- als auch im Gruppenkontext wirksam eingesetzt werden:

Individualkontext

Spielideen für den Individualkontext – Kindergartenalter

Spielidee: Ich höre was, was du nicht hörst

Dieses Spiel eignet sich sowohl für den Innen- als auch für den Außenbereich. Inhaltlich lehnt es sich an das Spiel „Ich sehe was, was du nicht siehst“ an. Ziel des Spiels ist es, die Umgebungsgeräusche genau wahrzunehmen. Hierzu soll das Kind die Augen verschließen und genau lauschen. Als Lauschumgebung eignet sich dabei sowohl das häusliche Umfeld als auch ein Waldspaziergang oder eine Wiese. Mit verschlossenen Augen soll das Kind nun beschreiben, welche Geräusche es wahrnimmt.

Tipp

Für die Steigerung des Schwierigkeitsgrads kann das Kind gebeten werden, zu beschreiben, aus welcher Richtung das Geräusch kommt, das es wahrnimmt. Das Spiel lässt sich darüber hinaus auch mit mehreren Kindern oder im Gruppenkontext durchführen. Um das Spiel zu variieren, können zudem Geräusche über eine CD abgespielt werden, die das Kind erkennen soll.

Spielidee: Ausmalbilder

Um die Lautstärke von Kindern innerhalb von Individualspielen zu reduzieren, können Kinder zum Ausmalen von Ausmalbildern angeregt werden. Hierzu können entweder Druckvorlagen verwendet oder eigene Vorlagen angelegt werden. Um das Kind zusätzlich zu entspannen, kann im Hintergrund beruhigende oder entspannende Musik angeschaltet werden. Während des Ausmalens sollte das Kind dazu angehalten werden, leise zu sein, bis das Bild vollständig ausgemalt ist.

Tipp

Für die Steigerung des Schwierigkeitsgrads kann zum Beispiel hinsichtlich der Farbmaterialien variiert werden. Zum Malen können somit sowohl Holzstifte als auch Wasserfarben, Wachsmalstifte oder weitere Materialien verwendet werden. Auch Fingerfarben sind denkbar.

Spielideen für den Individualkontext – Grundschulalter bis 12 Jahre

Spielidee: Mandalas zeichnen

Um die Lautstärke von Kindern innerhalb von Individualspielen zu reduzieren, können Kinder zum Ausmalen von Mandalas angeregt werden. Hierzu können entweder Druckvorlagen verwendet oder eigene Vorlagen angelegt werden. Um das Kind zusätzlich zu entspannen, kann im Hintergrund beruhigende oder entspannende Musik angeschaltet werden. Während des Ausmalvorgangs sollte das Kind angehalten werden, nicht zu reden, bis das Mandala vollständig ausgemalt ist.

Tipp

Für die Steigerung des Schwierigkeitsgrads kann zum Beispiel hinsichtlich der Farbmaterialien variiert werden. Zum Verfassen können somit sowohl Holzstifte als auch Wasserfarben, Wachsmalstifte oder weitere Materialien verwendet werden. Auch Fingerfarben sind denkbar.

Spielidee: Bauchatmung

Sollten Eltern und Bezugspersonen feststellen, dass das Kind regelmäßig sehr laut ist, sollte es bei dem Erlernen der Bauchatmung unterstützt werden. Damit das Kind in der Umsetzung sicher ist, sollte es dabei begleitet werden, wie es sich durch tiefes Durchatmen über den Bauch entspannen kann. Damit das Kind den Weg der Atmung verfolgen kann, sollte es dazu angehalten werden, eine Hand auf den Bauch zu legen. Auf diese Weise spürt es, wenn die Atemluft im Bauch ankommt beziehungsweise wenn sie diesen wieder verlässt.

Anleitung:

Zunächst wird das Kind gebeten, die Augen zu schließen. Dann soll es über die Nase tief einatmen, sodass sich der Brustkorb aufbäumt. Anschließend soll es die eingeatmete Luft über den Mund ausatmen, sodass sich beim Ausatmen der Bauch nach innen bewegt. Damit das Kind diese Bewegung spüren kann, wird es gebeten, die Hand auf dem Bauch zu platzieren. Damit die Atemtechnik den Körper mit ausreichend Sauerstoff versorgt, kann sie fünf- bis zehnmal wiederholt werden. Dann wird das Kind gebeten, leise den Satz „Ich bin ganz ruhig und kann nun gelassen und voller Energie ruhig weiterarbeiten“ aufzusagen.

Tipp

Damit sich das Kind besser entspannen kann, sollte die Umgebung, in der das Kind zu einer ruhigen Atmung angehalten wird, angenehm und bequem gestaltet werden. Zudem kann zur Entspannung im Hintergrund angenehme und beruhigende Musik angehört werden.

Gruppenkontext

Spielideen für den Gruppenkontext – Kindergartenalter

Spielidee: Vorlesen einer Abenteuergeschichte

Damit sich der Lautstärkepegel der Gruppe reguliert, wird den Kindern eine Geschichte vorgelesen. Vor Beginn des Vorlesens werden gemeinsam die Regeln für das Vorlesen vereinbart. Hierzu zählen:

- Alle Kinder sind still und reden nicht. Sie hören der Geschichte aufmerksam zu.

- Kein Kind spricht mit dem anderen, solange vorgelesen wird.

TITEL: MIAU STATT WAU

Thema: Du bist gut so, wie du bist

Requisiten:

- eine Hundefigur aus Stoff oder Holz (als Pepe)
- einen Ball (zum Spielen)
- einen Wollknäuel (zum Spielen)
- einen kleinen und einen großen Stock (zum Spielen)

https://bit.ly/3QYQxX9
Link oder QR-Code
zum Audio-Guide

ERZÄHLUNG:

Ein kleiner Junge namens Felix wohnte mit seinen Eltern und seiner Schwester Lina in einem großen Haus, nahe an einem Wald. Doch Moment, da fehlte noch jemand – ihr Hund Pepe ***(die Hundefigur als „Pepe" auf den Boden oder auf den Tisch stellen).*** Pepe war ein toller Hund, er war weiß mit grauen Flecken, hatte große braune Augen und einen langen, zotteligen Schwanz. Es gab nur ein Problem mit Pepe – er war irgendwie ganz anders als alle anderen Hunde, die Felix und Lina kannten. Andere Hunde tollten wild im Park umher – Pepe lag lieber zu Hause auf der Fensterbank und sonnte sich. Andere Hunde holten freudig einen Ball zum Werfen ***(den Ball vor Pepe hin und her rollen)*** – Pepe spielte lieber allein mit einem Wollknäuel ***(Pepe etwas abseits stellen, ein Wollknäuel danebenlegen und Pepe damit herumrollen lassen).*** Andere Hunde suchten sich Stöckchen ***(den kleinen Stock vor Pepe halten und damit leicht herumwackeln)*** und zerknabberten das Holz – Pepe kratzte an Baumstämmen ***(den großen Stock senkrecht vor Pepe aufstellen und die Figur daran kratzen und hochklettern lassen)*** und versuchte, hinaufzuklettern. Andere Hunde legten sich auf den Rücken, ließen sich den kitzeligen Bauch kraulen und kratzten sich dann mit der Pfote ***(Pepe auf den Rücken legen und den Bauch kurz kraulen)*** – Pepe kam zum Kuscheln am liebsten auf den Schoß und begann, zu schnurren, sobald man ihn streichelte ***(Pepe auf den eigenen Schoß setzen und streicheln).*** Andere Hunde knurrten ***(laut knurren),*** wenn sie Gefahr witterten – Pepe machte einen ganz runden Rücken und fauchte, sobald er sich fürchtete ***(laut fauchen).*** Doch der größte Unterschied zwischen anderen Hunden und ihrem Pepe war ihr Verhalten, sobald jemand an der Haustür klingelte. Andere Hunde bellten ***(laut bellen),*** doch Pepe miaute ***(laut miauen)!*** *„Ein komischer Hund!"*, sagte Papa eines Abends, als Pepe wieder einmal auf Felix' Schoß lag und zu schnurren begann. *„Er benimmt sich so seltsam und ganz anders, als andere Hunde es tun!"*, pflichtete Mama ihm bei. Felix und Lina bekamen große Augen. *„So ein Blödsinn!"*, rief Felix laut. *„Nur weil Pepe anders ist, ist das doch nicht falsch!"*, betonte Felix. *„Pepe ist der beste Hund der Welt!"*, unterstützte Lina ihren Bruder. *„Er ist etwas ganz Besonderes!"*, riefen die Geschwister laut und kraulten Pepe am Kinn ***(Pepe am Kinn streicheln).*** *„Miau!"*, machte Pepe zufrieden und schnurrte noch etwas lauter.

Spielidee: Wer piepst denn da?

Dieses Spiel eignet sich sowohl für den Innen- als auch für den Außenbereich. Für die Umsetzung des Spiels werden die Kinder gebeten, sich in einen Kreis zu setzen. Von der Lehrkraft wird dann ein Kind bestimmt (oder gelost), das sich in die Mitte stellt. Diesem Kind verbindet die Lehrkraft mithilfe eines Schals die Augen. Dann wird per Handzeichen ein Kind von der Lehrkraft aufgefordert, sich dem Kind in der Mitte geräuschlos zu nähern. Hierbei gilt: Sämtliche Geräusche und Reden sind verboten. Steht das Kind unmittelbar vor dem Kind in der Mitte, darf es einmal kurz piepsen. Anhand des Piepsens muss das Kind in der Mitte erraten, um welches Kind aus dem Klassenverband es sich handelt. Hierbei soll sich das Kind in der Mitte auf das Gehörte konzentrieren, um das gegenüberstehende Kind zu identifizieren.

Tipp

Ist die Klasse insgesamt zu unruhig, können die Kinder von ihrer Position innerhalb des Kreises der Reihe nach piepsen. Das kann Unruhe vermeiden. Diese Methode eignet sich auch, wenn der Schwierigkeitsgrad erhöht werden soll. In diesem Fall kann das Kind in der Mitte gebeten werden, zu verorten, aus welcher Richtung das Piepsen kommt. Darüber hinaus können zwei bis drei Kinder nacheinander piepsen, sodass das Kind in der Mitte der Reihe nach mehrere Namen aufzählen muss, um dem Piepsen das richtige Kind zuzuordnen. Des Weiteren ist es möglich, dass die Kinder im Kreis, statt zu piepsen, Tiernamen nennen.

Spielideen für den Gruppenkontext – Grundschulalter bis 12 Jahre

Spielidee: Federleicht

Dieses Spiel kann sowohl im Innen- als auch innerhalb eines geschützten Außenbereichs umgesetzt werden. Für die Umsetzung werden die Kinder gebeten, sich zu Paaren zusammenzutun. Eines der beiden Kinder legt sich dann im Anschluss auf den Boden. Damit das Liegen entspannt und ohne Störungen abläuft, sollte als Unterlage eine Gymnastikmatte oder Ähnliches verwendet werden. Nachdem das eine Kind sich auf der Gymnastikmatte platziert hat, erhält das zweite Kind des Teams eine Feder von der Lehrkraft. Alternativ zur Feder können sowohl leichte Gegenstände, Tücher oder ähnlich sensible Materialien verwendet werden. Nun wird das Kind mit der Feder angehalten, mit der Feder sanft über den Arm des Kindes auf der Gymnastikmatte zu streichen. Nach den Armen können die Beine, das Gesicht und weitere Körperpartien mit der Feder berührt werden. Während der Übung ist das Sprechen nicht erlaubt. Während der Übung sollten beide Kinder ruhig und entspannt agieren. Zur Unterstützung der Atmosphäre können entspannte Naturgeräusche oder beruhigende Musik die Übung untermalen. Während des Spielverlaufs ist es die Aufgabe der Lehrkraft, die Kinder darauf hinzuweisen, dass sie zwischenzeitlich einen Wechsel der Positionen vornehmen, sodass jedes Kind an die Reihe kommt.

Tipp

Um den Schwierigkeitsgrad der Übung zu intensivieren, kann das liegende Kind zum Erraten der Gegenstände angehalten werden. Zudem können die Augen mit einem Schal bedeckt werden, sodass das Kind die Körperstelle erraten muss, an der es mit der Feder oder dem Gegenstand berührt wurde.

Spielidee: Schattenspiele

Dieses Spiel kann sowohl im Innen- als auch innerhalb eines geschützten Außenbereichs umgesetzt werden. Für die Umsetzung werden die Kinder gebeten, gemeinsam einen Kreis zu bilden. Im Anschluss wählt die Lehrkraft ein Kind, das leise um den Kreis schleicht. Auf Handzeichen (zum Beispiel das Heben der Hand) wird das Kind gebeten, hinter einem anderen Kind stehen zu bleiben. Für den Spielbeginn werden alle Kinder gebeten, ihre Augen zu verschließen. Dann läuft das ausgewählte Kind unbemerkt los, bis die Lehrkraft das Handzeichen gibt. Im Anschluss bittet die Lehrkraft darum, dass alle Kinder, die das Gefühl haben, das Kind könnte hinter ihnen stehen, die Hand heben. Dann dürfen alle Kinder die Augen öffnen, um nachzuschauen, ob sie recht hatten. Das Kind, das richtig geraten hat, darf als Nächstes um den Kreis schleichen. Hat keines der Kinder richtig geraten, wählt die Lehrkraft ein Kind aus (zum Beispiel das Kind, das am nächsten dran war).

Auf einen Blick:

Das sollten Sie über die Lautstärke Ihres Kindes wissen

Laut sein ...

- fördert die kindliche Persönlichkeitsentwicklung.
- trainiert die Stimme und übt die Interaktion und das Durchsetzen in diskursiven Zusammenhängen mit anderen.
- trägt dazu bei, dass sich Kinder untereinander messen und sich Gehör verschaffen.
- stärkt das kindliche Bedürfnis nach Selbstwirksamkeit, Anerkennung und Zugehörigkeit.
- unterstützt die Bedürfnisbefriedigung, wenn der Wortschatz noch nicht ausgeprägt genug ist, um das jeweilige Bedürfnis zu verbalisieren.

Imagination und Fokus

Bei der Entdeckung der Welt interagieren Kinder höchst kreativ. Sie verfügen über ein natürliches Maß an Neugier, das ihnen den fortlaufenden Lernprozess innerhalb der kindlichen Entwicklung erleichtert. Um sich die Welt anzueignen und eigene Ideen zu entwickeln, benötigen sie im Alltag die Fähigkeit zur Imagination sowie die Kompetenz, sich auf eine Sache zu fokussieren, um sie in ihrer Ganzheitlichkeit kennenzulernen.

Dabei weisen Kinder meist eine Vielzahl an kreativen Ideen und Einfällen auf, die sie in ihrem experimentellen Denken fördern. Die Entwicklung der Imagination und Fokussierung unter Zuhilfenahme der eigenen Kreativität stellt demzufolge eine Schlüsselqualifikation für die Zukunft dar. Kreative Menschen haben es innerhalb ihres Lebens in vielen Bereichen einfacher. Es fällt ihnen leichter, sich auf unterschiedliche Situationen einzustellen und Lösungen für Probleme zu finden. Hierbei sind sie auch bereit, von altbekannten Mustern oder Verhaltensweisen Abstand zu nehmen, um neue Wege zu gehen, die andere Menschen aus Angst meiden. Aufgrund ihrer Sensibilität weisen sie zudem häufig ein sehr gut ausgeprägtes Sozialverhalten auf. Somit steht die Ausbildung der Imagination in direkter Verbindung mit den Prozessen der Selbstregulation. Die Kreativität und die Flexibilität, mit denen Kinder der Welt gegenübertreten, werden sich in späteren Lebensprozessen auf den Umgang mit schwierigen Situationen übertragen und aufgrund unterschiedlicher (kreativer) Lösungsansätze sowie einer ausgeprägten Imagination für die Entwicklung von Handlungsstrategien auf die Regulation der Bedürfnisse positiv auswirken.

Werden Kinder in der Entwicklung ihres kreativen Potenzials unterstützt, entwickeln sie nicht nur eine eigene Identität, sondern stärken zusätzlich ihr Selbstwertgefühl. Bei der Auseinandersetzung mit der Welt soll sowohl das Ausprobieren als auch das Finden und Erfinden im Vordergrund der Spielmöglichkeit stehen. Auf diese Weise kann das Kind die eigene Kreativität einfließen lassen und sich innerhalb des Lernprozesses vertiefen. Um Kinder im Umgang mit ihrer Imagination und Fokussierung zu schulen und sie bei der Regulation angemessen zu unterstützen, können diverse Spielideen sowohl im Individual- als auch im Gruppenkontext wirksam eingesetzt werden:

Individualkontext

Spielideen für den Individualkontext – Kindergartenalter

Spielidee: Malen nach Musik

Bei dieser Übung wird in einem freien Bereich eine Fläche mit Papier ausgekleidet. Alternativ kann eine Leinwand verwendet werden. Damit der Boden nicht in Mitleidenschaft gezogen wird, sollte er entsprechend mit einer Plane oder Zeitungspapier geschützt werden. Im Anschluss erhält das Kind Fingerfarbe in unterschiedlichen Farben, die es nach Belieben nutzen darf. Dann wird im Hintergrund Musik eingeschaltet. Für die Umsetzung erhält das Kind den Auftrag, nach der Musik zu malen. Hierzu werden unterschiedliche Musikstücke abgespielt.

Tipp

Damit die Erfahrung für das Kind besonders sinnlich wird, sollte bei der Auswahl der Musikstücke darauf geachtet werden, dass sie unterschiedliche Geschwindigkeiten aufweisen. Darüber hinaus sollten Musikstücke gewählt werden, die nicht über Text verfügen, sodass das Kind völlig frei malen kann, was ihm beim Hören der Musik in den Sinn kommt.

Spielidee: Tüchertanz

Für diese Spielanregung wird das Kind mit zwei leichten Tüchern aus fließenden Stoffen ausgestattet. Ein Tuch wird in der rechten Hand und eines in der linken Hand gehalten. Im Anschluss wird das Kind gebeten, sich zur Musik zu bewegen.

Tipp

Um dem Kind den Start zu erleichtern, sollte es von den Eltern oder der Bezugsperson angeregt werden. Zudem sollte darauf geachtet werden, dass ruhige Musik ausgewählt wird. Je nach Alter des Kindes kann alternativ auch mit einem Tuch gearbeitet werden.

Soll das Spiel im Gruppenkontext verwendet werden, kann mit den Kindern, je nach Altersstufe, eine gemeinsame Choreografie einstudiert werden, die die Kinder im Anschluss nachahmen sollen.

Spielideen für den Individualkontext – Grundschulalter bis 12 Jahre

Spielidee: Fantasiewesen malen

Für das Zeichnen des Fantasiewesens wird ein weißes Blatt Papier im DIN-A4-Format zweimal horizontal gefaltet. Dabei entstehen vier gleich große Spalten, wenn das Papier wieder aufgeklappt wird. Dann wird das Papier im Querformat vor dem Kind platziert. Dabei erhält das Kind die nachfolgende Anweisung:

- Zeichne in die obere Spalte einen Teil eines Monsterkopfes. Zeichne dabei den Hals leicht über die Linie des nächsten Feldes. Dann faltest du diesen Teil des Papiers so weg, dass er nicht mehr zu sehen ist.
- In die darauffolgende Spalte zeichnest du den Oberkörper eines Pferdes. Dann faltest du diesen Teil des Papiers so weg, dass er nicht mehr zu sehen ist.
- Danach zeichnest du den Unterkörper einer Prinzessin. Dann faltest du diesen Teil des Papiers so weg, dass er nicht mehr zu sehen ist.
- In das letzte Fenster zeichnest du die Pfoten eines Hundes.

Anschließend kann das Blatt wieder aufgefaltet werden, sodass das Fantasiewesen sichtbar wird. Hat das Kind Spaß am Zeichnen, kann es gebeten werden, das Fantasiewesen auszumalen.

Tipp

Die unterschiedlichen Kategorien können nach Belieben gewählt werden. Zum Beispiel wie folgt:

Blattspalte	Kategorie	Themenbereich
1	Kopf	Monster
2	Oberkörper	Tier
3	Unterkörper	Märchenfigur
4	Füße	Tier

Spielidee: Aus Zahlen Bilder malen

Dieses Spiel eignet sich besonders zur Förderung der Kreativität. Hierzu malen die Eltern oder die Bezugspersonen auf ein Blatt Papier Zahlen. Diese können beliebig angeordnet werden. Zudem ist es nicht wichtig, dass alle Zahlen einer Reihe vertreten sind. Vielmehr sollten die Zahlen so ausgewählt werden, dass sich aus ihnen mit etwas Fantasie etwas zeichnen lässt. So kann eine 8 in Querlage beispielsweise als Brille verwendet werden oder ein O das Gesicht für eine Figur darstellen. Nachdem eine oder mehrere Zahlen auf das Blatt übertragen wurden, erhält das Kind dieses Blatt mit dem Auftrag, ein Fantasiewesen, eine realistische Figur oder einen Gegenstand daraus zu zeichnen.

Tipp

Im Alltag kann diese Übung genutzt werden, um Informationen mit einem Bild zu verknüpfen. Soll ein Kind beispielsweise beim Bäcker um die Ecke vier Brötchen kaufen, kann eine Eselsbrücke dabei helfen, dass sich das Kind die Anzahl merken kann. Hierzu sollte es sich vorstellen, dass es, um die Verkaufstheke zu erreichen, einen Stuhl benötigt. Da sich aus einer Vier ein Stuhl zeichnen lässt, kann sich das Kind die Anzahl aufgrund der Verknüpfung der Information mit dem Bild besser merken.

Zahl	Mögliche Figur als Anregung
1	ein Bleistift
2	ein Schwan
3	ein Kleeblatt
4	ein Stuhl
5	eine Hand
6	ein Elefant
7	eine Flagge
8	eine Sanduhr
9	eine Flagge
10	ein Billardstock
0	ein Gesicht

Gruppenkontext

Spielideen für den Gruppenkontext – Kindergartenalter

Spielidee: Traumreise

Für die Traumreise sollte ein Ort gewählt werden, der über eine besonders ruhige und gemütliche Atmosphäre verfügt. Im Gruppenkontext eignet sich hierzu beispielsweise eine Sporthalle oder ein abgedunkeltes Klassenzimmer, in dem Tische und Stühle zur Seite geschoben wurden. Zudem ist die Traumreise auch im Garten oder auf einer Wiese an der frischen Luft denkbar. Um für die nötige Gemütlichkeit zu sorgen, sollte der Boden mit Matratzen oder/und Decken ausgelegt werden. Damit die Kinder bequemer liegen, kann zudem mit einem Kissen gearbeitet werden, zumal die etwas erhöhte Lagerung des Kopfes dazu beiträgt, dass sich die Muskeln entspannen. Je nachdem, ob eine Traumreise vorgelesen oder abgespielt wird, kann der Hintergrund mit entspannter Musik hinterlegt werden. Handys werden für die Durchführung der Traumreise abgeschaltet.

Bei der Durchführung steuert der Vorleser (Sprecher) die Geschwindigkeit der Traumreise. Die Stimmlage sollte dabei ruhig sein. Zudem sollte der Sprecher textsicher sein und während des Vorlesens Pausen einbauen. Auf diese Weise haben die Kinder Zeit und Raum, um das Gesagte wahrzunehmen. So hat jedes Kind die Gelegenheit, seiner eigenen Kreativität freien Lauf zu lassen und sich zu entspannen.

Vor dem Start erteilt die Lehrkraft die nachfolgenden Anweisungen:

Anweisung:

Positioniert euch entspannt auf dem Boden in Rückenlage. Hierzu könnt ihr euch auf einer Decke oder einem Kissen ablegen. Die Arme legt ihr dabei seitlich neben den Körper, die Beine werden ausgestreckt. Im Anschluss schließt ihr die Augen und versucht, euren Herzschlag zu hören. Hört genau hin und zählt dann mit. 1, 2, 3, 4, 5, 6, 7, 8, 9 und 10 (während des Zählens sollten Pausen eingebaut werden).

Versucht, euch bei meiner Erzählung vorzustellen, wie es sich für euch anfühlt, welche Farben ihr seht, welche Gerüche ihr wahrnehmen könnt und was ihr seht. Nun kann die Reise losgehen.

Beispiel für eine Traumreise:

Durch die Jahreszeiten

Der Tag ist vergangen und du hast viele Dinge erlebt. Einiges war neu für dich und anderes altbekannt. In manchen Situationen hast du dich sicher und gut gefühlt, andere haben sich vielleicht weniger gut angefühlt. Aber jetzt in diesem Moment sind sie alle nicht mehr wichtig. Heute Abend darfst du alle Gedanken an den vergangenen Tag loslassen und dich vollkommen von ihnen freimachen. Stelle dir dafür eine Uhr vor, die du in den Händen hältst. Es ist ganz egal, ob du eine Uhr mit Zeigern vor dir hast oder eine mit Ziffern. Es ist auch nicht wichtig, ob du die Uhr schon lesen kannst oder nicht. Du brauchst nur zu wissen, dass in deiner Uhr ein magisches Kästchen verborgen ist. Öffne das Kästchen und lege all deine Erinnerungen an den Tag hinein. Die weniger guten, die guten, die, bei denen du aufgeregt warst, und die, in denen du dich sicher gefühlt hast. Lege auch die Gespräche hinein, die du heute geführt hast, und alles, was du heute gespielt hast. Wenn du all deine Gedanken an den heutigen Tag in deinem Uhrkästchen verstaut hast, schließe es wieder. Siehst du das kleine Rädchen am Rande deiner Uhr? Wenn du zweimal daran drehst, verschiebst du all deine Gedanken deines heutigen Tages auf morgen. Einmal drehen. Und ein zweites Mal. Nun sind deine Gedanken sicher auf den morgigen Tag verlegt. Für heute darfst du sie vollkommen loslassen. Öffne das Kästchen ein weiteres Mal. Siehst du?

Deine magische Uhr hat deine Gedanken von heute auf morgen verschoben. Lege die Uhr nur noch nicht beiseite. Denn du brauchst sie für das, was du jetzt vorhast. Vielleicht kennst du schon die unterschiedlichen Jahreszeiten. Heute machst du dich auf zu einer Reise durch die Jahreszeiten. Sie werden dir all ihre besondere Schönheit zeigen und dich ganz und gar entspannen. Lege dafür eine Kette um deine Uhr. Nun kannst du sie dir um den Hals hängen und musst sie nicht in der Hand tragen. Schließe deine Augen und umfasse mit deinen Fingern das kleine Rädchen am Rand deiner Uhr. Drehe es zehnmal in deine Richtung. Eins ... Zwei ... Drei ... Vier ... Fünf ... Sechs ... Sieben ... Acht ... Neun ... Zehn. Siehst du, wie sich deine Umgebung während deiner Zeitreise geändert hat? In deinen Gedanken liegst du nicht mehr in deinem Bett. Auch, wenn du die Wärme und das Wohlgefühl deines Bettes noch immer in dir trägst, stehst du nun auf einem ganz und gar freien Feld. Rund um dich herum ist nichts weiter zu sehen als ein einziger Baum. Mache dich langsam auf den Weg zu dem Baum und nimm wahr, was du um dich herum entdecken kannst. Du bist im Winter gelandet und der Schnee unter deinen Füßen strahlt in einem wunderschönen hellen Weiß.

Er ist vollkommen unangetastet, so, als ob noch nie irgendjemand vor dir an diesem Ort gewesen ist. Wann immer du einen Schritt in die Schneedecke setzt, hörst du das Knarzen des zusammensackenden Schnees unter deinen Füßen. Drehe dich doch noch einmal um, um zu schauen, wie du deine Fußspuren setzt. Du weißt, dass alles, was du auf dieser Welt tust, ebensolche Spuren hinterlässt. Jedem, der dich lachen hört, klingt dein Lachen noch lange in den Ohren nach. An Gespräche mit dir werden deine Gesprächspartner sich noch sehr lange erinnern können, andere Kinder werden wissen, wie du mit ihnen gespielt hast. Alles, was du tust, hat eine Wirkung – das siehst du auch an deinen Fußspuren, die du hier und jetzt im Schnee hinterlässt. Und es ist ganz besonders schön und wichtig, dass du auf dieser Welt bist. Gehe nun noch ein Stückchen dichter an den Baum heran. Siehst du, dass er völlig kahl und frei von Blättern ist? Für den Winter braucht er all seine Kraft. Es wird ihm leichtfallen, im Frühling neue Blätter zu zaubern. Doch der Stamm muss besonders gut geschützt sein. Weil es im Winter aber sehr kalt ist und die Sonne nicht so wärmend scheint wie im Sommer, musste der Baum all seine Kraft und Energie seinem Stamm schenken.

So kann er überleben und die kalte Zeit überstehen. Auch dir und deinem Körper geht es ganz genauso. Es kommen Zeiten, in denen alles um dich herum schwerer ist als in anderen Zeiten. Dann gilt es, ganz besonders gut auf dich aufzupassen – ganz genauso, wie der Baum vor dir es tut. Kümmere dich darum, dass es dir gut geht. Lasse alles, was dich belastet, von dir abfallen, wie die Blätter des Baumes. Pass gut auf dich auf und nutze die Energie und Kraft, die du hast, für das, was dir guttut. Du bist ein Baum und du darfst alles, was dich belastet, ganz einfach abschütteln und vollkommen leicht werden. Spüre einmal die Rinde des Baumes. Fühlst du, wie der Baum ganz kräftig und stark vor dir steht? Die Stärke des Baumes schwappt auch auf dich über, denn auch du bist kräftig und stark, wie dieser Baum. Schau dir die Rinde ganz genau an. Sie besteht aus vielen, vielen Rillen und keine einzige Zeichnung der Rinde gleicht jener eines anderen Baums. Dein Baum ist vollkommen einzigartig – ganz genau, wie du es bist. Auch dich gibt es nur ein einziges Mal auf der Welt, genau wie diesen Baum. Siehst du auch, dass der Baum an der einen oder anderen Stelle kleine Verletzungen davongetragen hat? Gehe dafür um ihn herum und entdecke die kleinen Stellen, aus denen Baumharz ausdringt. Fühle, wie es sich klebrig unter deinen Fingern anfühlt. Es ist ganz bitter und zeigt, dass der Baum an diesen Stellen Dinge erlebt hat, die ihn so gemacht haben, wie er jetzt ist. Bei dir ist es ganz genauso.

Auch du hast Dinge erlebt, über die du traurig oder wütend warst. Sie haben dabei geholfen, dich zu dem zu machen, was du jetzt bist. Und ganz genauso wie der Baum trägst du diese Erfahrungen immer mit dir. Und trotzdem stehst du aufrecht und stark da – wie der Baum, der vor dir steht. Lass uns schauen, wie der Baum in der nächsten Jahreszeit aussieht. Drehe dafür deine Uhr weitere zehn Umdrehungen in deine Richtung. Eins ... Zwei ... Drei ... Vier ... Fünf ... Sechs ... Sieben ... Acht ... Neun ... Zehn. Hast du gesehen, wie sehr dein Baum sich verändert hat? Der Schnee um ihn herum ist geschmolzen und der Boden erstrahlt nun in einem satten Grün. Du riechst den Duft des frisch wachsenden Grases. Es riecht süßlich und angenehm frisch. An deinem Baum sind kleine, neue Blätter gewachsen. Sie sehen noch klein und jung aus. Dennoch wirkt dein Baum jetzt viel prächtiger, kräftiger und fülliger. Er ist so voller neuer Energie und Kraft. Er hat einen harten Winter überstanden und steht nun in seiner ganzen Pracht da.

Genauso stolz wie der Baum bist auch du. Wann immer du eine Probe in deinem Leben geschafft hast, darfst auch du dich stolz und prächtig fühlen. Du darfst zeigen, was du geschafft hast, und dich selbst daran erfreuen. Schaue einmal hoch in die Zweige. Siehst du, dass ein Vogel sein Nest gebaut hat? Er brütet nun die nächsten Vögel aus. Dein Baum ist zum Helfer geworden. Er hat seine Blätter als Schutz des Nestes aufgestellt. Die Vögel, die schon bald aus ihren Eiern schlüpfen werden, dürfen sich in seinem Schutz vollkommen sicher und geborgen fühlen. Wenn du weißt, was du alles kannst, kannst auch du anderen zur Vertrauensperson werden.

Du bist großartig und wundervoll und du darfst anderen zeigen, was du alles kannst. Auch sie werden sich dann in deiner Nähe sicher fühlen. Ganz genauso darfst du aber auch eines der kleinen Vögelchen sein, welches Schutz sucht. Du darfst dir Menschen suchen, denen du vertraust. Du darfst zeigen, wenn du jemanden an deiner Seite brauchst, und dich ihm anvertrauen. Denn du bist ebenso wie ein starker Baum auch ein kleines Vögelchen, welches Hilfe braucht, um gut wachsen zu können. Es wird Zeit, dass du die nächste Jahreszeit kennenlernst. Drehe das Rädchen deiner Uhr weitere zehn Male und atme währenddessen die herrliche Frühlingsluft tief ein. Eins ... Zwei ... Drei ... Vier ... Fünf ... Sechs ... Sieben ... Acht ... Neun ... Zehn. Spürst du die sommerliche Hitze, die sich über dich und deinen Baum gelegt hat? Das Gras um dich herum ist zwischenzeitlich höher gewachsen. Aber es ist auch ein wenig bräunlich geworden.

Auch die Blätter an deinem Baum sind nun ganz groß, doch sie wirken ein wenig trockener als im Frühling. Du spürst, dass dein Baum eine schöne, doch anstrengende Zeit hat. Er braucht Wasser, um sich wirklich gut fühlen zu können. Auch du musst gut darauf achten, dass du zu jeder Zeit das bekommst, was deinen Körper mit neuer Energie versorgt. Ruhe dich aus, wenn du erschöpft bist, esse und trinke, wenn dein Körper es braucht. Der Baum, der vor dir steht, ist ein Überlebenskünstler. Selbst, wenn es sehr lange nicht regnet, kann er durch seine tiefen Wurzeln das Wasser aus dem Boden aufnehmen. Er zieht es von ganz tief unten zu sich hinauf und kann sich somit versorgen. Du bist ebenso stark.

Du bist in der Lage, Kraft und Energie zu schöpfen, wenn die Zeiten auch anstrengend sein mögen. Du bist ein wundervolles Kind und du darfst auf dich aufpassen, damit es dir ebenso gut geht wie dem Baum, dessen Rinde du noch immer berührst. Schaue noch einmal dorthin, wo das Nest des Frühlings ist. Siehst du, dass es zwischenzeitlich ganz leer ist? Dein Baum hat der kleinen Vogelfamilie ein sicheres Zuhause geschenkt, bis die Kleinen alt genug waren, um die Welt zu erkunden. Auch du bist wie eines der Vogelkinder. Jeden Tag lernst du Neues und jeden Tag machst du neue Erfahrungen. Vergiss nicht, dass du immer einen Ort hast, an dem du sicher sein und dich geborgen fühlen kannst – ganz genauso wie die Vögel, die nach jedem Abenteuer in den sicheren Baum zurückgekehrt sind, bis sie schließlich groß genug waren, um sich zurechtzufinden. Spüre noch eine Weile, wie sich die warme Sommersonne auf deiner Haut anfühlt. Spürst du, wie die Strahlen dich sanft streicheln und deinen ganzen Körper wärmen? Du spürst, wie du langsam ganz schläfrig wirst.

Die Sonne wärmt sich angenehm und dein Körper ist ganz schwer, während deine Gedanken ganz leicht und frei sind. Erkunde nun die letzte Jahreszeit, indem du das Rädchen an deiner Uhr weitere zehn Male drehst. Eins ... Zwei ... Drei ... Vier ... Fünf ... Sechs ... Sieben ... Acht ... Neun ... Zehn. Spüre den leichten, warmen Windhauch, der die warmen Strahlen der Sonne abgelöst hat. Es ist ein warmer, sonniger und schöner Herbsttag und die Farben deines Baumes haben sich vollkommen verändert. Er zeigt sich dir jetzt in seiner buntesten Pracht. Siehst du, dass die Blätter, die gerade noch grün waren, jetzt in bunten Farben leuchten? Sie sind gelb und rot und einige sind noch grün. Erkennst du auch das strahlende Orange einiger Blätter?

Du kannst dich gar nicht sattsehen an den vielen, wunderschönen Farben deines Baumes. Spüre, wie die Rinde unter deinen Fingern sich noch immer ganz warm anfühlt. Dein Baum lebt von der Energie, die er gesammelt hat. Er bereitet sich langsam auf den Winter vor, hat aber die Energie in sich drinnen noch fest gespeichert. Mit jedem Regenschauer stillt er seinen Durst und füllt seinen Stamm mit neuer Kraft auf. Auch du hast die Möglichkeit, dich jeden Tag aufs Neue mit frischer Kraft zu füllen. Mache es wie der Baum. Erkenne all das Schöne, was das Leben dir bietet, und speichere es in dir ab. Siehe die schönen, bunten Farben, erkenne neue Düfte, spüre Neues unter deinen Fingern. Lerne neue Geschmäcker kennen und teste dich selbst aus. Wachse an dir selbst und an deinen Erfahrungen und speichere den Stolz auf dich selbst tief in dir ab. Denn dann hast du zu jeder Zeit die Möglichkeit, auf diesen Schatz aus Kraft und Energie zurückzugreifen – ganz genauso wie dein Baum, der in seiner ganzen Leuchtkraft vor dir steht. Streiche ein letztes Mal über die Rinde deines Baumes, bevor du deine Uhr in die entgegengesetzte Richtung drehst. Du brauchst nicht jede einzelne Umdrehung rückgängig machen, denn deine magische Uhr weiß ganz genau, in welche Zeit sie dich zurückbringen muss.

Drehe also das Rädchen einige Male, bis du wieder in deinem Bett liegst. Spüre die Decke, die dich wie die Blätter deines Baumes zudecken. Spüre das Kissen, das sich anfühlt wie das Nest, welches in der Baumkrone war. Spüre die Matratze, in die du einsinkst, wie die Wurzeln des Baumes in der Erde. Du bist fest mit der Erde verankert und gleichzeitig hast du die Möglichkeit, hoch hinauszuwachsen, wie die Zweige des Baumes, die in den Himmel ranken. Spüre die Schwere und die Ruhe, die der Baum auf dich übertragen hat. Du weißt, dass er fest und stetig am gleichen Ort steht. Auch du darfst jetzt ganz einfach sein, genauso wie dein Baum. Halte deine Augen geschlossen und schlafe ein. Gehe langsam hinüber ins Land der Träume, aus denen du neue Kraft für den morgigen Tag schöpfen kannst. Gute Nacht, Jahreszeitenwandler.

Spielidee: Tintenklecksbilder

Für die Anfertigung von Tintenklecksbildern wird eine beliebige Größe Papier verwendet. Dieses wird mit Farbklecksen aus Wasserfarbe versehen. Die Blattgröße wird so gewählt, dass es für die Gruppengröße passend ist und jedes Kind rund um das Blatt einen Platz zum Malen findet. Es kann sowohl mit dem Pinsel als auch mit einer Zahnbürste oder anderen Hilfsmitteln gearbeitet werden. Nach dem Auftragen der Farbe mit unterschiedlichen Utensilien wird das Blatt in der Mitte gefaltet und die Farben werden durch das gemeinsame Verstreichen der Farben an der Außenseite (farblose Seite) des Blattes verteilt. Im Anschluss an das Verstreichen der Farbe wird das Blatt erneut auseinandergefaltet. Nach dem Trocknen kann mit den Kindern gemeinsam überlegt werden, welches Fantasiegebilde aus ihrem Kunstwerk entstanden ist.

Spielideen für den Gruppenkontext – Grundschulalter bis 12 Jahre

Spielidee: Fantasiereise

Für die Durchführung einer Fantasiereise sollte der Raum abgedunkelt werden. Um die Atmosphäre gemütlicher zu gestalten, können zudem Kerzen angezündet werden. Im Verlauf der Fantasiereise legen sich die Kinder auf einen mit Decken oder Matten ausgelegten Boden. Zudem kann die Lehrkraft den Kindern Kissen reichen, damit diese sich bequem positionieren können. Sobald die Lehrkraft den Start ankündigt, sollen die Kinder die Augen schließen und den Beschreibungen lauschen.

Vor dem Start erteilt die Lehrkraft die nachfolgenden Anweisungen:

Anweisung:

Nehmt eine für euch angenehme Position ein. Die Hände legt ihr neben dem Körper ab, die Beine liegen ausgestreckt am Boden. Versucht, die Augen während der gesamten Fantasiereise geschlossen zu halten. Nehmt die beschriebene Situation wahr und versucht sowohl die Farben als auch die Gerüche und die Geschichte wahrzunehmen.
Nun geht unsere Reise in die Fantasie los.

Beispiel für eine Fantasiereise:

„VON INNEN HERAUS"

Hast du schon einmal ein Glühwürmchen gesehen? Es sieht aus wie ein kleines, schwebendes Würmchen. Und sobald die Sonne hinter den Wolken verschwunden ist, schaltet es sein Lämpchen an. Stelle dir ein solches Würmchen einmal ganz genau vor. Schließe hierfür deine Augen. Du bist ruhig, ganz ruhig. Mache dich in Gedanken auf den Weg zu einem wunderschönen Baum, der in der Abendsonne steht. Siehst du den Baum vor dir? Er steht felsenfest im Boden und du spürst, wie seine Ruhe auf dich übergreift. Du bist ganz, ganz ruhig.

Gehe ein wenig dichter an den Baum heran. Du weißt, dass gleich, wenn die Sonne am Horizont versinkt, ein wunderschönes Lichtermeer entstehen wird. Setze dich zu den Wurzeln des Baumes nieder und lehne dich an seinen Stamm. Der Stamm ist wunderbar warm, von den abendlichen Sonnenstrahlen. Spüre die letzten Strahlen der Sonne nun auch auf deiner Haut. Spürst du, wie sie dich mit der letzten Kraft des Tages wärmt?

Strecke der Sonne deine Arme entgegen und fühle die sanfte Wärme, die dich streichelt. Du bist ganz ruhig und deine beiden Arme sind ganz angenehm warm. Nun ist es Zeit für die Sonne, schlafen zu gehen, damit sie morgen wieder für dich scheinen kann. Wünsche ihr in Gedanken eine gute Nacht, wenn sie langsam untergeht. In diesem Moment schleicht sich ein angenehmes Nachtblau heran. Wie schön sich die Farben von einem auf den anderen Moment geändert haben.

Du sitzt noch immer am Baum und bist ganz und gar von Ruhe durchströmt. Die Sonnenwärme ist noch immer in deinen Armen abgespeichert, sodass du ganz frei noch ein Weilchen sitzen bleiben kannst. Schaue dich ganz in Ruhe um. Du wartest auf das nächste Leuchten. Und schon entdeckst du einen ersten, zaghaften Schein in der Ferne. Fast sieht es so aus, als wäre ein winziger Stern an die Erde herangerückt und würde sich jetzt auf dich zubewegen. Schaue dem Leuchten zu, wie es langsam näher kommt. Du bist ganz ruhig und bleibst völlig still sitzen.

Und schon ist das Leuchten bei dir angekommen. Mit einer gleitenden Bewegung landet das kleine Glühwürmchen zu deinen Füßen. Es schaut mit seinen winzigen Augen zu dir hoch, als ob es abschätzen würde, ob es dir vertrauen kann. Und du bleibst völlig ruhig, um dem kleinen Tier Vertrauen zu schenken. Schaue das Glühwürmchen ganz in Ruhe an und gib ihm zu verstehen, dass du es nur anschauen magst. Nimm in dieser Zeit drei tiefe Atemzüge. Ein ... Du bist ganz ruhig und schaust das Glühwürmchen an. Und wieder aus. Ein zweites Mal ein ... Du siehst in den Augen des kleinen Tieres, dass es allmählich Vertrauen fasst. Und wieder aus ... Ein letztes Mal tief ein ... Das Glühwürmchen kommt ein Stückchen näher und setzt sich genau zu deinen Füßen. Und wieder aus ... Du hast es geschafft. Durch deine Ruhe hat das Glühwürmchen Vertrauen zu dir gefasst, es sitzt nun ganz entspannt neben deinen Füßen.

Es ist fast, als hätte ein Stern neben dir Platz genommen. Du bist völlig ruhig und schaust dabei zu, wie das kleine Lichtchen zu deinen Füßen schimmert. Langsam nehmen deine Füße das Licht auf und sie werden nach und nach immer wärmer. Du bist vollkommen ruhig und deine Arme sind mollig warm vom Sonnenlicht. Du bist vollkommen ruhig und deine Füße sind mollig warm vom Lichtchen des Glühwürmchens. Und dann passiert etwas, womit du nun wirklich nicht gerechnet hättest. Das Glühwürmchenlicht wird heller und dunkler und wieder heller und wieder dunkler. Fast sieht es so aus, als würde das Licht Zeichen geben.

Als du den Kopf hebst und in die Ferne siehst, erkennst du, dass es ganz genauso ist. Denn das Gras, welches bis gerade eben noch vollständig im Schatten gelegen hat, beginnt, zu schimmern. Wo du auch hinsiehst, erscheinen kleine Lichtchen, die an die Spitzen der Grashalme krabbeln und sich dann in die Luft erheben. In diesem Moment sieht es so aus, als wärst du umgeben von leuchtenden, winzigen Sternen. Schaue dich gut um. Siehe, wie die vielen Lichter auf der Stelle schwirren. Siehst du, wie die kleinen Glühwürmchen ein winziges Bisschen flackern, als wollten sie wie die Sterne am Himmel schimmern?

Nicke den Glühwürmchen zu, denn du hättest sie sehr gerne ein wenig näher bei dir. Schaue, wie die Tierchen langsam auf dich zuschweben. Siehst du, dass sie aussehen wie tausende, langsame Sternschnuppen? Und mit jedem Flattern ihrer winzigen Flügel tragen sie die Wärme ein wenig dichter an dich heran. Du bist vollkommen entspannt. Die Wärme der letzten Sonnenstrahlen durchflutet noch immer deine Arme.

Die Wärme des einzelnen Glühwürmchens auf dem Boden steckt noch immer in deinen Beinen. Und die Glühwürmchen, die nun langsam an dich heranschweben, übertragen ihre ganze Lichtwärme auf deinen Körper. Spüre, wie dein Körper Stück für Stück wärmer wird. Du bist vollkommen ruhig und dein Körper fühlt sich wunderbar warm an. Schaue dich einmal selbst dabei an, wie du mit dem Rücken an einem starken Baum lehnst. Um dich herum schweben tausende Glühwürmchen und schenken dir Wärme. Siehst du, wie du zwischen all den Tierchen sitzt? Siehst du, wie sie wie wunderschöne Sternschnuppen um dich herumschweben? Spüre die Wärme in dir und stelle dir vor, dass jedes einzelne Glühwürmchen dir in den nächsten Tagen einen Wunsch erfüllt – als wäre es wirklich eine Sternschnuppe. Schlüpfe jetzt wieder in deinen Körper hinein und siehe die Würmchen ein letztes Mal mit deinen eigenen Augen an. Nicke ihnen langsam zu, denn es wird Zeit für dich, zurückzukommen. Speichere die Lichtwärme tief in dir ab und vertraue darauf, dass all deine Wünsche in Erfüllung gehen mögen.

Lasse nun ein Glühwürmchen nach dem anderen verschwinden. Sieh zu, wie sie zurückweichen und langsam wieder im Gras versinken. Als Letztes folgt das kleine Tierchen, das bis eben gerade zu deinen Füßen gesessen hat. Es schwebt nun in die Lüfte und verschwindet in der Ferne. Wenn du gleich zu mir zurückkommst, spürst du die Stärke des Baumes, der dir den Rücken stärkt. Du spürst die Ruhe, die dir diese Begegnung geschenkt hat. Und du behältst die Wärme der tausenden Glühwürmchenlichter in dir drin. Sie ist es, die dir heute die weitere Energie für den Tag schenken wird. Öffne nun langsam deine Augen, strecke dich kräftig und versuche, einmal tief zu gähnen. Du bist nun bereit für den weiteren Tag.

Tipp

Beim Vortragen der Fantasiegeschichte sollte die Lehrkraft darauf achten, genügend Pausen einzubauen, sodass die Kinder die Möglichkeit haben, sich gedanklich in die Geschichte einzufinden. Da hier nicht jedes Kind die gleiche Geschwindigkeit aufweist, sollten die Pausen ausreichend lange gestaltet werden. Auf diese Weise hat jedes Kind die Gelegenheit, seiner eigenen Kreativität freien Lauf zu lassen.

Spielidee: Meine Lieblingsecke

Dieser Spielimpuls eignet sich unter anderem für die Integration in den musikalischen Unterricht. Für die Umsetzung stellt die Lehrkraft in jeder Ecke des Raumes ein Instrument bereit. Hierzu eignen sich beispielsweise eine Triangel, ein Tamburin, ein Xylophon sowie ein Schellenkranz. Alternativ können Klangstäbe, eine Handtrommel, eine Rassel und auch ein Schellenring verwendet werden. In jeder Ecke des Raumes, also an jedem Instrument, wird ein Kind aus der Gruppe positioniert. Die anderen Kinder werden von der Lehrkraft gebeten, mit geschlossenen Augen vorsichtig durch den Raum zu wandern (alle Hindernisse wurden im Vorfeld von der Lehrkraft beiseite geräumt, sodass sich die Kinder nicht verletzen können). Auf ein mit der Lehrkraft vereinbartes Signal (wie beispielsweise das Heben der Hand, um die Konzentration der umherwandernden Kinder nicht zu stören) geben die Kinder mit ihrem Instrumenten lockende Signale/einen Ton mithilfe ihrer Instrumente ab. Die Kinder werden im Vorfeld gebeten, sich bei Abgabe der Töne in die Ecke zu bewegen, die sie aufgrund des akustischen Signals am ansprechendsten betrachten.

Tipp

Die Instrumente können so gewählt werden, dass Töne in unterschiedlichen Tonlagen abgegeben werden. Je nach Alter können die Kinder dann darum gebeten werden, sich in jene Ecke zu bewegen, die am ehesten ihrer aktuellen Gefühlslage (aufgrund des akustischen Signals) entspricht.

Auf einen Blick: So fördern Sie die Imagination Ihres Kindes

Jedes Kind kommt mit der Fähigkeit zur Welt, kreativ mit Lösungsansätzen für Situationen innerhalb der Entwicklung zu experimentieren. Damit sich diese entsprechend entwickeln, ist es wichtig, dass die Nervenzellen innerhalb des Gehirns so stimuliert werden, dass sich Verbindungen zwischen den einzelnen Hirnarealen entwickeln. Hierbei sollten sich Eltern und Bezugspersonen an den nachfolgenden Faktoren orientieren:

1. **Dem Kind Freiräume lassen:** Grundsätzlich sollte das Kind in allen Bereichen des Lebens in einem vorgegebenen Maß über Freiräume verfügen, innerhalb derer es sich entfalten kann. Hierzu ist es wichtig, dass neben dem Besuch der Kindertagesstätte oder der Schule dem Besuch bei Freunden und anderen Verpflichtungen genügend Spielraum bleibt, in dem das Kind Dingen nachgehen kann, die ihm Spaß bereiten.

2. **Bewältigbare Herausforderungen schaffen:** Im Verlauf des Alltags sollten dem Kind nicht sämtliche Verpflichtungen abgenommen werden. Vielmehr sollte das Kind bewältigbaren Herausforderungen, bestärkt durch die Eltern und Bezugspersonen, gegenübertreten.

3. **Materialien kennenlernen und nutzen:** Um die Kreativität weiter zu fördern, sollte das Kind mit einer Reihe von vielfältigen Materialien arbeiten dürfen, an denen es sich ausprobieren kann. Dabei sollten der Fantasie des Kindes keine Grenzen gesetzt werden, sodass es sich auch ohne konkrete Anleitung mit unterschiedlichen Materialien auseinandersetzen kann.

4. **Abwechslung:** Damit sich das kreative Potenzial des Kindes vollständig entfalten kann, sollte bei der Darbietung von Spielideen darauf geachtet werden, abwechslungsreich vorzugehen.

Kognitive Flexibilität und Merkfähigkeit fördern

Neben körperlichen, sprachlichen und motorischen Fähigkeiten eignen sich Kinder im Verlauf ihrer Entwicklung auch kognitive Fähigkeiten an.

> Zu den kognitiven Fähigkeiten zählen dabei alle menschlichen Funktionen, die sich auf das Lernen, die Erinnerung, die Wahrnehmung, das Denken sowie die Aneignung von Wissen beziehen.

Konkret umfassen diese Bereiche beispielsweise Kompetenzen wie die Aufmerksamkeit, die Kreativität und die Konzentration. Bei der Aneignung der Umwelt unterstützen diese Kompetenzen das Kind dabei, die es umgebende Welt besser zu verstehen.

Die unterschiedlichen Bereiche entwickeln sich dabei im Laufe der kindlichen Entwicklung gemäß dem jeweiligen Entwicklungsstand. Somit ist die Förderung der kognitiven Entwicklung des Kindes nicht nur ein Bestandteil der pädagogischen Arbeit, sondern sollte auch in der Erziehung von Eltern und Bezugspersonen gezielt gefördert werden. Für die Selbstregulation spielt die Kognition dahingehend eine zentrale Rolle, dass Kinder dabei unterstützt werden sollten, das eigene Handeln und Verhalten bewusst zu steuern und vorausschauend zu planen. Auf diese Weise lernen Kinder beispielsweise, Konflikte selbstgesteuert und eigenständig beizulegen. Damit die Selbstregulation gewinnt, ist die kognitive Flexibilität eine Grundvoraussetzung.

> **Beispiel:**
> In den meisten Schulkontexten wird der Beginn und das Ende einer Schulstunde noch immer mit einem visuellen Signal (zum Beispiel das Läuten einer Klingel oder Glocke) markiert. Das Signal der Glocke weist die Kinder damit unterbewusst darauf hin, dass die Stunde beginnt und bestimmte Regeln (beispielsweise nicht sprechen, nicht dazwischenreden, sich melden, wenn man etwas sagen möchte etc.) gelten. Gleichzeitig geht mit dem Ende der Stunde durch das Signal der Klingel eine gewisse Entspannung einher, weil die Kinder wissen, dass sie nun wieder aufstehen, sich unterhalten und umherlaufen dürfen, bis die nachfolgende Stunde beginnt.

Neben der kognitiven Flexibilität spielt auch das Arbeitsgedächtnis, also die kindliche Merkfähigkeit, eine bedeutende Rolle für die Entwicklung der Selbstregulation. Hierbei wird unter Rückgriff auf bereits vorhandenes Wissen ein Bezug zu einer neuen Arbeitsaufgabe oder einer neuen Information hergestellt, die in der konkreten Situation bei der Bewältigung einer Arbeitsaufgabe unterstützt. Gerade im Kleinkindalter wird die Merkfähigkeit zum Beispiel durch die Einhaltung von Regeln und Strukturen, die in jeweils unterschiedlichen Zusammenhängen (zu Hause, in der Kindertageseinrichtung, auf dem Spielplatz, bei den Großeltern etc.) gelten. Darüber hinaus entwickelt sich mithilfe der kognitiven Kontrolle die Fähigkeit, Impulse zu regulieren. Um Kinder im Umgang mit ihrer Kognition und Merkfähigkeit zu schulen und sie bei der Regulation angemessen zu unterstützen, können diverse Spielideen sowohl im Individual- als auch im Gruppenkontext wirksam eingesetzt werden:

Individualkontext

Spielideen für den Individualkontext – Kindergartenalter

Spielidee: Memory

Für das Spiel Memory wird ein ebener Untergrund benötigt, auf dem die Memorykarten verdeckt aufgelegt werden können. Zunächst werden die Karten gemischt. Danach können sie beispielsweise in Reihen, einem Quadrat oder Rechteck angeordnet auf dem Untergrund platziert werden. Die Karten dürfen dabei nicht übereinanderliegen. Der jüngste Spieler beginnt. Wer an der Reihe ist, deckt zwei frei gewählte Karten so auf, dass der andere Mitspieler das darauf abgebildete Symbolbild erkennen kann. Weisen beide Memorykarten dasselbe Symbol auf, darf der Spieler zwei weitere Karten aufdecken. Dies wiederholt der Spieler so lange, bis er zwei unterschiedliche Karten aufdeckt. Dann ist der nächste Spieler am Zug. Beim Zudecken der Karten sollte darauf geachtet werden, dass die Karten wieder an der gleichen Stelle abgelegt werden. Wenn das letzte Bildpaar aufgedeckt ist, ist das Spiel beendet. Der Spieler, der mehr Karten aufgedeckt hat, gewinnt. Wenn beide Spieler gleich viele Paare aufweisen, kann eine weitere Runde eine Entscheidung herbeiführen.

Tipp

Um den Schwierigkeitsgrad zu intensivieren, können die Karten im Kreis angeordnet werden, sodass es schwieriger wird, sich zu erinnern. Hierbei sollte jedoch der individuelle Entwicklungsstand des Kindes berücksichtigt werden. Zudem kann das Spiel auch mit älteren Kindern durchgeführt werden. Auf Wunsch können bis zu acht Personen am Spiel teilnehmen. Wenn kleinere Kinder am Spiel beteiligt sind, kann zur Vermeidung von Überforderung mit weniger Kartenpaaren gespielt werden. Dann kann die Anzahl der Karten von Runde zu Runde stetig gesteigert werden.

Spielidee: Ich sehe was, was du nicht siehst

Dieses Spiel kann überall durchgeführt werden. Es eignet sich beispielsweise als Ablenkung auf langen Autofahrten, bei Flügen oder Zugfahrten oder aber in Situationen, in denen das Kind ungeduldig ist und abgelenkt werden muss. Bei der Umsetzung wird nicht nur das räumliche Sehen trainiert, sondern auch Kompetenzbereiche wie die Kommunikationsfähigkeit und die Ehrlichkeit. Zunächst sucht sich das Kind oder die Bezugsperson etwas im eigenen Sichtfeld, was beschrieben werden kann. Dann beginnt das Spiel mit dem Spruch: „Ich sehe was, was du nicht siehst und das ist ..." Hier können beispielsweise die Farbe, die Form sowie alle äußeren erkennbaren Eigenschaften des Gegenstandes eingesetzt werden. Im Anschluss muss vom Partner erraten werden, um welchen Gegenstand es sich handeln könnte. Wurde der Gegenstand erraten, ist der Mitspieler an der Reihe.

Tipp

Das Spiel lässt sich auch im Gruppenkontext umsetzen. Die Spielerzahl ist hierbei unbegrenzt. Darüber hinaus können die Regeln abgewandelt werden. Soll das Kind beispielsweise in seiner Geduld bei langen Fahrten trainiert werden, kann der gesehene Gegenstand von der Bezugsperson vorgegeben werden, sodass das Kind ausschließlich die Aufgabe des Ratens übernimmt.

Spielideen für den Individualkontext – Grundschulalter bis 12 Jahre

Spielidee: Stadt-Land-Fluss im Solomodus

Für Kinder, die bereits lesen und schreiben können, eignet sich das Spiel Stadt-Land-Fluss, um die Kognition zu fördern. Dieses kann sowohl zusammen mit einem Elternteil als auch alleine durchgeführt werden. Spielt das Kind alleine, ist es wichtig, dass es durch die Hilfe der Bezugsperson angeleitet wird. Das heißt, dass die Bezugsperson beispielsweise den Buchstaben vorgibt, anhand welchem die unterschiedlichen Kategorien festgelegt werden. Für die Umsetzung des Spiels werden ein Blatt sowie ein Stift benötigt. Das Blatt wird im Querformat in unterschiedliche Spalten unterteilt. Die Spalten können je nach Entwicklungsstand des Kindes in unterschiedliche Kategorien unterteilt werden. Als Themen eignen sich für die Kategorien beispielsweise:

- Stadt
- Land
- Fluss
- Beruf
- Pflanze
- Spielzeug
- Name
- Hobby
- Film
- Filmfigur
- Farbe
- Fabelwesen
- Cartoon
- Lebensmittel
- etwas Rundes
- etwas Eckiges
- ...

Im Anschluss gibt die Bezugsperson einen Buchstaben vor, den das Kind als Anfangsbuchstaben für das Befüllen jeder Kategorie verwendet:

Stadt	**Land**	**Fluss**	**Farbe**	**Name**
Gelsenkirchen	Guatemala	Glan	Gelb	Georg

Nachdem das Kind alle Kategorien befüllt hat, kann die Bezugsperson die Kategorien kontrollieren. Dann wird mit dem nächsten Buchstaben weitergespielt.

Tipp
Im Mehrspielermodus, also mit zwei oder mehr Personen, können die Ergebnisse mit Punkten versehen werden. Zudem endet die Zeit, sobald ein Spieler alle Kategorien befüllt hat. 5 Punkte erhält jeder, wenn jemand das gleiche Wort aufgeschrieben hat. 10 Punkte gibt es für Begriffe, die sonst niemand auf seinem Zettel stehen hat, und 20 Punkte gibt es, wenn die Kategorie nur von einem Spieler ausgefüllt wurde. Zur Erhöhung des Schwierigkeitsgrades kann zudem eine bestimmte Zeit für das Ausfüllen der Kategorien vorgegeben werden.

Spielidee: Fußspiele

Dieses Spiel eignet sich sowohl für den Innen- als auch für den Außenbereich. Für die Umsetzung des Spiels legt die Bezugsperson eine Wanne bereit. Neben der Wanne werden verschiedene leichte Gegenstände benötigt, die sich mit den Zehen greifen lassen und dabei nicht verletzen können. Verwendbar sind hierbei beispielsweise:

- Wäscheklammern
- leichte Tücher
- ein Schal
- Watte
- ein Legostein
- ein Flummi
- Socken
- ein Haargummi
- ein Kuscheltier
- ...

Im Anschluss werden die Gegenstände neben der Wanne platziert. Dann darf sich das Kind vor der Wanne auf dem Boden positionieren. Die Füße werden zunächst links neben der Wanne platziert. Auf dieser Seite sollten sich dann auch die Gegenstände befinden. Anschließend wird das Kind gebeten, die vor ihm befindlichen Gegenstände mit dem linken Fuß in die Wanne zu bringen. Hierzu darf es die Zehen des linken Fußes nutzen. Nachdem alle Gegenstände in der Wanne gelandet sind, ist der rechte Fuß an der Reihe.

Tipp

Für die Steigerung des Schwierigkeitsgrades kann ein Zeitlimit festgelegt werden. Zudem ist das Spiel auch im Gruppenkontext umsetzbar. Hierzu können Teams gebildet werden. Die Aufgabe der Teams besteht dabei darin, die Gegenstände von Wanne zu Wanne im Sinne einer Kette weiterzureichen, bis jeder Gegenstand ein markiertes Ziel (oder das letzte Behältnis) erreicht hat. Wer das Ziel zuerst erreicht, gewinnt.

Bei der Auswahl der Gegenstände kann das Kind einbezogen werden.

Gruppenkontext

Spielideen für den Gruppenkontext – Kindergartenalter

Spielidee: Das Klatschspiel

Klatschspiele sind bei Kindern besonders beliebt. Sie schulen sowohl die Kognition als auch das Sprachverständnis, die Koordination sowie das Rhythmusgefühl. Für die Umsetzung stellen sich jeweils zwei Kinder gegenüber. Dann wird von der Fachkraft ein Klatschspiel ausgewählt.

Beispiel:

Lasst uns in die Hände klatschen,
dann klatschen wir auf den Po,
gemeinsam klatschen wir auf die Schultern,
und jetzt klatschen wir noch einfach so.

Bevor das Spiel starten kann, sollte sichergestellt werden, dass alle Kinder den jeweiligen Spruch beherrschen. Anschließend klatschen alle gemeinsam mit der folgenden Anweisung:

Textpassage	Auszuführende Handlung
Lasst uns	Beide Kinder klatschen sich auf die Oberschenkel.
in	Beide Kinder klatschen in die Hände.
Die	Beide Kinder klatschen in die Hände.
Hän-	Beide Kinder klatschen sich auf die Oberschenkel.
De	Beide Kinder klatschen sich auf die Oberschenkel.
klat-	Beide Kinder klatschen in die Hände.
Schen	Beide Kinder klatschen in die Hände.

Textpassage	Auszuführende Handlung
Dann	Beide Kinder klatschen sich auf die Oberschenkel.
klat-	Beide Kinder klatschen in die Hände.
Schen	Beide Kinder klatschen in die Hände.
wir auf	Beide Kinder klatschen sich auf die Oberschenkel.
Den	Beide Kinder klatschen sich auf die Oberschenkel.
Po	Beide Kinder klatschen sich auf den Po.

Textpassage	**Auszuführende Handlung**
Gemeinsam	Beide Kinder klatschen sich auf die Oberschenkel.
klat-	Beide Kinder klatschen in die Hände.
Schen	Beide Kinder klatschen in die Hände.
wir auf	Beide Kinder klatschen sich auf die Oberschenkel.
Die	Beide Kinder klatschen sich auf die Oberschenkel.
Schul-	Beide Kinder klatschen sich auf die Schultern.
Tern	Beide Kinder klatschen sich auf die Schultern.

Textpassage	**Auszuführende Handlung**
Und jetzt	Beide Kinder klatschen sich auf die Oberschenkel.
klat-	Beide Kinder klatschen in die Hände.
Schen	Beide Kinder klatschen in die Hände.
wir	Beide Kinder klatschen sich auf die Oberschenkel.
noch	Beide Kinder klatschen sich auf die Oberschenkel.
einfach so	Beide Kinder klatschen die Hände vor der Brust zusammen.

Dieses Spiel kann sowohl im Innen- als auch im Außenbereich stattfinden. Für die Umsetzung wird ein Punkt im Raum oder Garten ausgewählt, den sich das gerade spielende Kind einprägen soll. Nachdem sich eines der Kinder den Punkt eingeprägt hat, werden ihm die Augen verbunden. Nun besteht seine Aufgabe darin, den Weg dorthin blind zu finden. Damit es nicht stolpert, helfen die anderen Mitspieler und lenken es mit Worten. Hierbei ist es wichtig, vorher konkrete Anweisungen zu vereinbaren, damit das Kind sich darauf einstellen kann. Hierzu eignen sich beispielsweise Formulierungen wie:

- „Etwas weiter links."
- „Etwas weiter rechts."
- „Stopp."
- „Zurück."

Hat das Kind das Ziel erreicht, wird gewechselt, sodass jedes Kind einmal an die Reihe kommt.

Tipp

Um zu messen, welches Kind am schnellsten war, kann für jedes Kind die Zeit gestoppt werden. Kann das Spiel nicht im Außenbereich umgesetzt werden, kann es auch im Gruppenraum durchgeführt werden. Um den Schwierigkeitsgrad zu erhöhen, kann hier mit künstlichen Hindernissen gearbeitet werden, die überwunden werden müssen. Bei der Auswahl der Hindernisse sollte jedoch darauf geachtet werden, dass keine Verletzungsgefahr besteht.

Spielideen für den Gruppenkontext – Grundschulalter bis 12 Jahre

Spielidee: Gummitwist

Für die Durchführung des Spiels wird ein 3 bis 4 Meter langes Gummitwist benötigt. Hierzu kann zum Beispiel ein Hosengummi verwendet werden. Dieses wird für die Nutzung an den Enden verknotet. Im Anschluss wird das Gummitwist am Boden ausgebreitet und zwei Kinder stellen sich jeweils an einem Ende hinein. Sie positionieren sich so, dass beide Füße nebeneinander im Gummitwist stehen und die Fersen zum Gummitwist zeigen. Beide Kinder schauen sich an. Ein drittes Kind ist der Springer. Dieses Kind stellt sich so in das Gummitwist, dass ein Fuß sich im Inneren des Gummitwists befindet und der andere außerhalb des Gummitwists positioniert wird. Im nächsten Schritt wird dem Kind eine Geschichte erzählt. Springen darf es dabei immer dann, wenn es ihm beliebt, solange die Geschichte erzählt wird. Beim Sprung bewegt sich das Kind so, dass sich das Gummitwist immer zwischen seinen Füßen befindet. Macht das Kind einen Fehler und tritt beispielsweise auf das Gummitwist oder springt an einer falschen Stelle, wird gewechselt.

Als Geschichte eignet sich beispielsweise:

Auf einer Insel auf dem Meer,
wohnte ein riesig großer Bär,
kratzt sich am haarigen Kopf,
nahm die rechte, bärige Tatze,
und rieb sich seine haarige Glatze.
Streckte die linke Tatze in einen Krug,
und aß so viel Honig, wie er vertrug.
Kam einst ein bäriger Freund hinzu,
fragte ihn dann, was machst du?
Wartete darauf, dass auch er den Honig erlangte,
aber es blieb für ihn nichts,
machte also ein trauriges Gesicht,
da sein bäriger Freund sehr zulangte.
Traurig trottete er zurück in den Wald,
winkte von Weitem und rief: „Bis bald!".

Tipp

Um den Schwierigkeitsgrad zu steigern, kann die Sprunghöhe variiert werden. Hierzu kann das Gummi am Knöchel, den Kniekehlen oder dem Po befestigt werden. Möchte ein Kind gewinnen, müssen beispielsweise alle Sprunghöhen fehlerfrei durchsprungen werden.

Spielidee: Ich packe meinen Koffer

Mithilfe dieses Spiels kann die Merkleistung von Kindern gesteigert werden. Es eignet sich hervorragend für den Einsatz im Gruppenkontext. Für die Umsetzung können die Kinder gebeten werden, sich in einem Kreis zu platzieren. Während des Spiels wird dann gemeinsam ein imaginärer Koffer gepackt. Das erste Kind beginnt: „Ich packe meinen Koffer und nehme mit ...“ Das nachfolgende Kind muss den Satz sowie den vom Kind angeführten Gegenstand wiederholen und einen weiteren Gegenstand hinzufügen. So geht es weiter, bis ein Spieler nicht mehr alle Gegenstände wiederholen kann. Dieser Spieler muss in der nächsten Runde aussetzen.

Tipp

Für kleinere Kinder können die genannten Gegenstände mit einer Handbewegung kombiniert werden. Das erleichtert die Merkfähigkeit. Zudem sollte darauf geachtet werden, dass eine begrenzte Anzahl an Gegenständen festgelegt wird. Schafft es ein Kind, all diese Gegenstände erneut aufzuzählen, gewinnt es die Runde. Ist die Gruppe zu groß, können für die Umsetzung des Spiels auch mehrere kleine Gruppen gebildet werden.

Auf einen Blick:

Darum ist es wichtig, die kindliche Kognition zu fördern

Kognition bedingt die Leistungsfähigkeit des Kindes. Sie bestimmt sowohl die Ausprägung der Intelligenz als auch der Gedächtnisleistung. Ist die Kognition gut ausgeprägt, verfügt das Kind meist auch über eine gut ausgeprägte Merkfähigkeit. Grundsätzlich verläuft die kognitive Entwicklung bei allen Kindern unterschiedlich:

- Jedes Kind lernt in seinem eigenen Tempo sowie entsprechend seinem Entwicklungsstand, sodass die Lernleistungen von Kindern nicht verglichen werden sollten.

- Wird das Kind im Alltag durch kognitive Spielmöglichkeiten gefördert, kann sich sein Verständnis für die Welt verbessern und die Kompetenzen hinsichtlich Konzentrationsfähigkeit, Erinnerung, Wahrnehmung und Denken können trainiert werden.

Impulskontrolle anregen und verbessern

Sowohl für den Erfolg beim Lernen als auch innerhalb eines Lebenslaufes ist es wichtig, die eigenen Impulse kontrollieren zu lernen. Ohne eine entsprechende Impulskontrolle ist es Kindern unmöglich, bei der Sache zu bleiben und sich nicht ablenken zu lassen. Die Impulskontrolle entwickelt sich im Verlauf eines Lebens ab einem Alter von etwa drei Jahren. Ist die Impulskontrolle schlecht ausgeprägt, fällt das Kind meist dadurch auf, dass es handelt, ohne nachzudenken. Meist kann es schwer warten, bis es an der Reihe ist, und möchte daher immer der Erste sein. Innerhalb von Gesprächen mit anderen platzt das Kind häufig durch Reinreden hinein. Es ist schnell reizbar und verfällt aufgrund von Nichtigkeiten in Wutanfälle. Zudem ist es leicht abzulenken. Impulsive Kinder müssen sich mehr anstrengen als andere Kinder ihres Alters, wenn sie beabsichtigen, ihre Impulse zu kontrollieren. Aus diesem Grund ist es wichtig, dass das Kind frühzeitig bei der Regulation der Impulse unterstützt wird, damit es innerhalb seines Entwicklungsprozesses eine gute Selbstregulation entwickeln kann. Nicht zuletzt sollten Kinder frühzeitig lernen, ihre Impulse zu kontrollieren, um den Alltag leichter bewältigen zu können. Um Kinder im Umgang mit ihren Impulsen zu schulen und sie bei der Regulation angemessen zu unterstützen, können diverse Spielideen sowohl im Individual- als auch im Gruppenkontext wirksam eingesetzt werden:

Individualkontext

Spielideen für den Individualkontext – Kindergartenalter

Spielidee: Zielwerfen

Dieses Spiel eignet sich sowohl für den Einsatz im Innen- als auch im Außenbereich. Für die Umsetzung stellt die Bezugsperson des Kindes einen Korb auf. Dann wird auf dem Boden eine Linie markiert, an der das Kind sich während des Spieles platziert. Im Anschluss erhält das Kind ein Kartenspiel. Mit dem Kartenspiel hat es den Auftrag, mit jeder Karte in den Zielkorb zu werfen, bis es keine Karten mehr hat.

Tipp

Der Schwierigkeitsgrad des Spiels kann für unterschiedliche Altersklassen variiert werden. Kleine Kinder sollten nicht besonders weit vom Korb entfernt stehen. Zudem kann durch das Aufkleben unterschiedlicher Abwurflinien die Schwierigkeit während des Spielverlaufs schrittweise intensiviert werden.

Spielidee: Hören wie ein Luchs

Für dieses Spiel wird eine laut tickende Uhr im Raum versteckt. Wichtig ist, dass die Uhr so laut tickt, dass sie für das Kind gut zu hören ist. Im Anschluss versteckt die Bezugsperson die Uhr an einer Stelle, die das Kind nicht kennt. Nun wird es gebeten, ganz still zu sein, um zu hören, wo sich die Uhr verstecken könnte. Wenn es eine Vermutung hat, darf es nachsehen, ob sich die Uhr dort versteckt. Wird die Uhr gefunden, wird ein neues Versteck gesucht.

Tipp

Als Uhr eignet sich für kleinere Kinder auch eine Eieruhr, da diese gut zu hören ist. Für ältere Kinder kann die Suche nach der Uhr auf eine bestimmte Zeit bemessen werden.

Spielideen für den Individualkontext – Grundschulalter bis 12 Jahre

Spielidee: Geräusche erkennen

Für dieses Spiel werden unterschiedliche Gegenstände benötigt. Das Kind wird so positioniert, dass es die Handlungen der Bezugsperson nicht hören, sondern ausschließlich sehen kann. Nun klappert die Bezugsperson mit einem beliebigen Gegenstand und bittet das Kind, zu beschreiben, was es gehört hat. Anschließend wird es um eine Einschätzung gebeten, welcher Gegenstand sich hinter dem Geräusch verstecken könnte. Als Gegenstände eignen sich beispielsweise:

- Besteck
- Topfdeckel
- Töpfe
- Nüsse knacken
- zerknülltes Papier
- ...

Tipp

Das Spiel eignet sich auch für die Umsetzung im Gruppenkontext. Soll der Schwierigkeitsgrad intensiviert werden, kann das Erraten auf Zeit erfolgen. Im Gruppenkontext bestimmt die Anzahl der richtig geratenen Gegenstände den Gewinner.

Spielidee: Zuordnungen
Für dieses Spiel nennt die Bezugsperson des Kindes vier bis sechs Begriffe. Bei der Nennung der Begriffe passt ein Begriff nicht in die Reihe der Wörter. Die Aufgabe des Kindes ist es dabei, das Wort zu benennen, das nicht in die Reihe passt.

Beispielthemen:

- Formen
- Tiere mit vier Beinen
- Tiere mit zwei Beinen
- Tiere, die fliegen können
- Gemüsesorten
- Obstsorten
- Mädchennamen
- Jungennamen
- Jahreszeiten
- Gegenstände, die rund sind
- Gegenstände, die eckig sind
- ...

eckige Formen	Viereck
	Quadrat
	Rechteck
	Kreis
	Dreieck

Obstsorten	Erdbeere
	Kirsche
	Banane
	Apfel
	Walnuss
	Orange

Tipp

Um den Schwierigkeitsgrad zu steigern, kann für das Erraten des falschen Begriffs eine feste Zeit vorgegeben werden. Für Kinder, die bereits in der Lage sind, zu lesen, können die Begriffe auf einem Papier erfasst werden. So wird zusätzlich die Lesekompetenz trainiert. Zudem eignet sich das Spiel für die Umsetzung im Gruppenkontext. Hierzu kann das Spiel auf Zeit erfolgen. Das Kind mit den meisten richtigen Antworten gewinnt.

Gruppenkontext

Spielideen für den Gruppenkontext – Kindergartenalter

Spielidee: Absitzspiel

Dieses Spiel eignet sich sowohl für den Innen- als auch für den Außenbereich. Für die Umsetzung des Spiels werden alle Kinder gebeten, sich in einen Kreis zu setzen. Nachdem alle Kinder einen Platz gefunden haben, werden die Spielregeln erklärt. Ziel des Spiels ist es, dass sich alle Kinder abwechselnd absetzen, ohne dass sich dabei zwei Kinder gleichzeitig auf dem Boden platzieren. Das erste Kind wird von der Fachkraft bestimmt. Danach dürfen die Kinder sich kreuz und quer für das Hinsetzen entscheiden. Durch die gegenseitige Beobachtung sollen sie dabei darauf achten, dass sich außer ihnen keiner setzt. Absprachen oder Zurufe sind nicht erlaubt. Auch das Einhalten der Kreisreihenfolge ist untersagt. Setzen sich zwei Kinder gleichzeitig, beginnt das Spiel von vorne. Vor Beginn des Spiels stellen sich alle Kinder hin, sodass das Spiel starten kann.

Tipp

Soll das Spiel mit einer älteren Zielgruppe gespielt werden, können die Regeln variiert werden. Hierzu können die Kinder der Reihe nach von 1 bis 20 zählen. Dann beginnt der Zählvorgang von vorne.

Spielidee: Feuer, Wasser, Sturm

Das Spiel „Feuer, Wasser, Sturm" eignet sich für die Durchführung in einer Sporthalle. Für die Umsetzung bewegen sich alle Kinder frei im Raum. Um diesen Vorgang anregender zu gestalten, kann der Hintergrund hierzu mit musikalischen Impulsen hinterlegt werden. Auf ein bestimmtes Kommando der Fachkraft, wie beispielsweise ‚Feuer', müssen die Kinder eine bestimmte Position einnehmen oder einen vorher festgelegten Platz aufsuchen. Mögliche Kommandos sind dabei:

- Feuer
- Wasser
- Sturm
- Blitz
- Eis
- Gewitter
- Wolken
- ...

Tipp

Soll das Spiel variiert werden, kann beispielsweise im Vorfeld festgelegt werden, dass der entsprechende Platz oder die vorher festgelegte Position nur dann eingenommen wird, wenn zusammen mit dem Begriff auch ein Pfiff erfolgt. Diese Variante eignet sich allerdings eher für ältere Kinder. Zudem kann den Begriffen eine bestimmte Bewegungsart zugeordnet werden:

Feuer	Laufen
Wasser	Seitgalopp
Sturm	Hopserlauf
Wolke	auf den Boden legen
...	

Spielideen für den Gruppenkontext – Grundschulalter bis 12 Jahre

Spielidee: Drache, Ritter, Prinzessin (Stein, Schere, Papier)

Für die Umsetzung des Spiels wird eine Sporthalle benötigt. Für die Umsetzung des Spiels wird die Klasse durch die Lehrkraft in zwei Gruppen unterteilt. Innerhalb der jeweiligen Mannschaft einigen sich die Kinder in Absprache miteinander dann auf eine der Figuren (Drache, Ritter, Prinzessin). Im Anschluss stellen sich die Kinder in ihren Mannschaften jeweils an der Mittellinie gegenüber. Dabei sollen sich die Kinder so aufstellen, dass sich jeweils zwei Kinder gegenüberstehen. Sobald die Lehrkraft das Startsignal erteilt, stellen die Kinder die im Vorfeld vereinbarte Figur dar. Dann laufen sie weg oder versuchen, ihren Gegenspieler zu fangen. Ob die Kinder laufen oder fangen, bestimmt sich dabei danach, welche Figur gewählt wurde. Grundsätzlich gilt:

- Prinzessin fängt Ritter
- Ritter fängt Drache
- Drache fängt Prinzessin

Überschreiten die Kinder dabei die Linien in der Nähe der Hallenwand und stehen mit dem Rücken an der Hallenwand, können sie nicht mehr gefangen werden. Die Darstellung der Figuren erfolgt dabei wie folgt:

Figur	Haltung
Drache	Das Kind zeigt seine Drachentatzen und faucht dabei.
Ritter	Das Kind macht einen Ausfallschritt und zieht dabei sein Schwert.
Prinzessin	Das Kind kämmt sein langes Haar.

Tipp

Soll der Schwierigkeitsgrad des Spiels intensiviert werden, können mehrere Figuren in die Spielrunden aufgenommen werden. Darüber hinaus ist es möglich, dass die Kinder sich bereits im Vorfeld auf eine Reihenfolge für mehrere Spielrunden einigen (z. B. Drache, Ritter, Prinzessin, Drache, Ritter, Prinzessin). Dieses Vorgehen eignet sich aufgrund der Komplexität jedoch eher für ältere Kinder.

Spielidee: Inselhüpfen
Für die Durchführung des Spiels wird eine große freie Fläche benötigt. Es eignet sich daher für die Umsetzung in einer Sporthalle und auch in einem Gartenbereich. In der Halle verteilt die Lehrkraft im Anschluss Reifen. Hierzu können beispielsweise Hula-Hoop-Reifen verwendet werden. Im Anschluss wird Musik angeschaltet, zu der sich die Kinder laufend, hüpfend, vorwärts oder rückwärts durch die Halle bewegen sollen. Stoppt die Musik, muss sich jedes Kind eine Insel (einen Reifen) suchen. Pro Reifen ist ausschließlich ein Kind erlaubt. Das Kind, das keinen Reifen findet, scheidet aus.

Tipp
Um den Schwierigkeitsgrad zu steigern, kann die Lehrkraft die Fortbewegungsrichtung auf Zuruf bestimmen. Daneben ist es möglich, den Schwierigkeitsgrad von Runde zu Runde zu variieren. Stehen keine Reifen zur Verfügung, kann mit Farbkarten gearbeitet werden. Den unterschiedlichen Farbkarten werden dann verschiedene Handlungen zugeordnet:

Farbe	Handlung
Rot	rote Linie berühren
Blau	auf den Boden legen
Gelb	die gegenüberliegende Wand berühren
Schwarz	zu zweit zusammentun
…	

Daneben ist es möglich, den unterschiedlichen Farben gegensätzliche Bedeutungen zuzuordnen, sodass das Kind bei Rot beispielsweise eine grüne Linie berühren muss.

Auf einen Blick:

Wie Kinder bei der Ausbildung der Impulskontrolle unterstützt werden können

Dass Kinder ihre Impulse noch nicht vollständig selbstständig kontrollieren können, ist normal. Das liegt vor allem daran, dass sich das kindliche Hirn noch in der Entwicklung befindet. Im Rahmen der Entwicklung bildet sich das Gehirn bis zum 25. oder in Einzelfällen bis zum 30. Lebensjahr aus. Dabei entwickelt sich das Gehirn bei jedem Kind individuell. Damit die Kontrolle der kindlichen Impulse gelingt, sollten Bezugspersonen daher wie folgt vorgehen:

- Grundsätzlich sollte dem Kind aufmerksam Gehör geschenkt werden, damit es seine Impulse äußern kann.
- Sind Kinder impulsiv, kann dies zudem darin begründet liegen, dass ihre Grundbedürfnisse wie Hunger oder Durst nicht gestillt sind.
- Zudem kann mit dem Kind gemeinsam ein Signal vereinbart werden, mit dem es anzeigt, wenn es sich überfordert fühlt.
- Daneben sollten regelmäßige Spielmöglichkeiten angeboten werden, mit denen das Kind seine Impulskontrolle spielerisch trainieren kann.

Gefühle wahrnehmen und mit ihnen umgehen

Gefühle wie Freude, Trauer, Wut und Jubel sind im Verlauf eines Lebens zentrale Begleiter. Sie bestimmen und begleiten den Fortgang eines Lebens. Deshalb ist es wichtig, dass Menschen bereits im Kindesalter lernen, mit unterschiedlichen Emotionen umzugehen. Hierzu zählt auch, dass Kinder lernen, Gefühle angemessen auszudrücken. Auch Kinder werden innerhalb ihrer Entwicklung bereits mit unterschiedlichsten Gefühlen konfrontiert. So erfahren sie in Streitigkeiten beispielsweise Wut und Zorn, während sie im gemeinsamen Spiel Freude erleben. Wenn Kinder lernen, ihre Gefühle wahrzunehmen, gelingt es ihnen zunehmend, die Gefühle ihres Gegenübers wahrzunehmen und einzuschätzen.

Beispiel:
Nina singt in einem Kinderchor. Für eine bestimmte Stelle in einem Lied übt sie seit Tagen mit ihrer Mutter, damit sie ihr beim nächsten Treffen mit dem Kinderchor gelingt. Beim nächsten Singen mit dem Kinderchor gelingt ihr die Passage des Liedes erneut nicht. Weil sie sich ärgert, verfällt sie in einen Wutanfall und schmeißt ihre Noten zusammen mit dem Notenständer um und rennt aus dem Raum.

Da Nina von ihren Gefühlen überfordert ist, äußert sich ihr Gefühl von Versagen durch ihre Wut. Das liegt vor allem daran, dass sie ihre Gefühle noch nicht gut kontrollieren kann. Aus diesem Grund reagiert sie unüberlegt und ungehalten.

Damit Kinder den Umgang mit ihren Gefühlen lernen, kommt den Eltern und Bezugspersonen eine große Bedeutung zu. Als Basis für die Entwicklung des kindlichen Gefühlslebens spielt eine stabile Bindung eine zentrale Rolle. Zudem zählt die Regulation der eigenen Gefühle zu den Kompetenzen, die für die Ausbildung der Selbstregulation benötigt wird. Um Kinder im Umgang mit ihren Gefühlen zu schulen und sie bei der Regulation angemessen zu unterstützen, können diverse Spielideen sowohl im Individual- als auch im Gruppenkontext wirksam eingesetzt werden:

Individualkontext

Spielideen für den Individualkontext – Kindergartenalter

Spielidee: Gefühle einfach platzen lassen

Bei dieser Spielidee erhält das Kind einen Luftballon. Auf dem Luftballon werden symbolisch verschiedene Gesichtsausdrücke aufgemalt. Dann wird der Ballon an einer Schnur aufgehängt. Damit sich der Ballon in der Höhe des Kindes befindet, kann er beispielsweise an einer Leine zwischen zwei Stühlen befestigt werden. Im Anschluss sollte die Bezugsperson das Gespräch mit dem Kind suchen und erklären, dass beide im nächsten Schritt gemeinsam den Ballon platzen lassen. Dann nehmen beide gemeinsam einen spitzen Gegenstand oder eine Nadel und das Kind darf den Ballon platzen lassen. Dann erklärt die Bezugsperson, dass das Gefühl (Wut, ...) nun verschwunden ist und es nun wieder spielen kann und sich nicht mehr ärgern muss.

Tipp

Das Spiel eignet sich vor allem in Situationen, in denen das Kind wütend ist. Für die Durchführung sollte das Kind nicht allein sein, damit es sich an der Nadel nicht verletzt.

Spielidee: Fingerspiel ‚Kleiner Marienkäfer'

Für die Regulation von Emotionen kann im Individualkontext ein Fingerspiel eingesetzt werden, dass das Kind gemeinsam mit seiner Bezugsperson umsetzen kann. Hierzu eignet sich das Fingerspiel ‚Kleiner Marienkäfer':

Auf einer großen Wiese saß ein Käfer,
blickte in die Sonne und flog hinauf,
baute einen Unfall und strandete auf einer Blume,
kugelte sich vor lauter Lachen und entschloss sich, dies nicht nochmal zu machen.

Während des Fingerspiels wird der Text durch die nachfolgenden Handlungen ergänzt:

Text	**Handlung**
Auf einer großen Wiese saß ein Käfer,	Hierbei tippt das Kind mit dem Zeigefinger auf den Handteller.
blickte in die Sonne und flog hinauf,	Hierbei werden beide Handflächen einmal aneinandergerieben. Dann landen die Hände mit einem kleinen Sprung auf den Schultern.
baute einen Unfall und strandete auf einer Blume,	Hierbei kreisen beide Unterarme umeinander.
kugelte sich vor lauter Lachen und entschloss sich, dies nicht nochmal zu machen.	Hierbei werden die Arme zu einem V geformt und alle Finger gespreizt.

Tipp

Vor dem Spielbeginn sollte sichergestellt werden, dass das Kind den Text des Fingerspiels beherrscht, damit es Spaß daran hat. Während der Durchführung lebt das Fingerspiel durch seine Bewegungen. Hierbei soll es eine heitere Stimmung erzeugen. Um die Bewegungen durchführen zu können, sollte ein Platz gewählt werden, der dem Kind etwas Bewegungsspielraum ermöglicht.

Spielideen für den Individualkontext – Grundschulalter bis 12 Jahre

Spielidee: Ballonfight

Bei diesem Spiel erhält das Kind einen Luftballon, der mit Klebeband oder Ähnlichem an einem Holzstab befestigt wurde. Auf den Ballon kann das Kind dann ein Gesicht malen, das eine Person darstellt. Im Anschluss darf das Kind den Stab schütteln, sodass sich der Ballon hin und her bewegt.

Tipp

Diese Übung eignet sich vor allem dann, wenn das Kind wütend ist. Es hilft ihm, den Frust abzubauen und die Anspannung loszuwerden. Bezugspersonen sollten darauf achten, dass das Kind bei dieser Übung nicht alleine ist, sondern begleitet wird. Zudem ist es wichtig, im Nachgang mit dem Kind über die Wut zu sprechen. Hierbei können die nachfolgenden Fragen hilfreich sein:

- Kannst du benennen, was dich wütend gemacht hat?
- Geht es dir nun besser?
- Wie können wir das nächste Mal besser mit deiner Wut umgehen?

Spielidee: Der Wutballon

Diese Übung eignet sich vor allem, wenn das Kind wütend ist. Für die Umsetzung dieser Übung erhält das Kind einen Ballon. Dann wird der Ballon vom Kind aufgepustet, ein verärgertes Gesicht wird aufgemalt, aber der Ballon wird nicht zugeknotet. Weil die Wut meist nicht sofort nachlässt, bläst das Kind den Ballon nun weiter auf. Sinnbildlich soll es seine Wut in den Ballon blasen. Ist der Ballon vollständig aufgepustet, darf das Kind etwas Luft herauslassen, sodass der Ballon nicht mehr platzen kann. Folgende Erläuterungen sollte das Kind währenddessen erhalten:

Wenn man sich über etwas ärgert, dann geht es dir wie dem Ballon. Wirst du wütender, staut sich das Gefühl in dir auf – der Ballon bläst sich weiter auf. Wenn du so viel Wut in dir verspürst, fühlt es sich gelegentlich an, als würde man gleich platzen – so wie der Ballon, wenn er vollständig aufgeblasen ist.

Zusatz:

Während der Übung kann das Kind ermuntert werden, gemeinsam mit seiner Bezugsperson tief einzuatmen und diese Luft langsam wieder auszuatmen. Auf diese Weise lernt das Kind gleichzeitig eine Atemübung, die es in Situationen, in denen es wütend ist, anwenden kann.

Tipp

Im Anschluss an die Übung kann der Ballon zugeknotet werden. Dann kann das Kind mit dem Ballon spielen und diesen durch die Luft jagen, um über die Bewegung weitere Anspannungen abzubauen.

Gruppenkontext

Spielideen für den Gruppenkontext – Kindergartenalter

Spielidee: Gefühle in Bewegung erleben

Bei diesem Spiel bewegen sich die Kinder durch den Raum. Die Fachkraft gibt dabei unterschiedliche Bewegungsanweisungen. Hier eignen sich beispielhaft die folgenden Bewegungsanweisungen:

- Stelle dich aufrecht und gerade hin.
- Stemme deine Hände in die Hüfte.
- Hebe den Kopf nach oben.
- Gehe langsam.
- Stampfe mit dem linken Fuß auf den Boden.
- Stampfe mit dem rechten Fuß auf den Boden.
- Senke den Kopf zum Boden.
- Stecke deine Hände in die Hosentaschen.
- Laufe langsam durch den Raum.
- Berühre ein anderes Kind an der Schulter.
- Schwenke die Arme neben dem Körper.
- Springe einmal hoch.
- Springe zweimal hoch.
- Gehe in die Hocke.
- Strecke die Arme in die Luft.
- Bilde mit den Armen eine Linie.
- Lächle einem anderen Kind zu.
- Lache laut.
- ...

Tipp
Wird die Übung mit älteren Kindern oder Schulkindern durchgeführt, kann sie etwas variiert werden: Während die Lehrkraft diese Anweisungen erteilt, sollen die Kinder darauf achten, wie sie sich fühlen, und im Anschluss an die Übung davon berichten. Hierzu eignen sich für die Lehrkraft Fragestellungen wie folgende:

- Wie fühlst du dich in dieser Körperhaltung?
- Welche Haltung war am angenehmsten für dich? Warum?
- Welche Haltung war am unangenehmsten für dich? Warum?
- Welche Haltung kann welchem Gefühl zugeordnet werden?

Zu Beginn der Übung sollte die Lehrkraft die Übungen mit den Schülern gemeinsam durchführen, sodass die Schüler sehen, welche Bewegungen verlangt werden. Für die Intensivierung des Schwierigkeitsgrades kann die Übung variiert werden. Hierzu kann die Aufgabenstellung zum Beispiel lauten:

- Bewege dich so, als wärst du wütend.
- Bewege dich so, als wärst du fröhlich.
- Bewege dich so, als würde dich etwas bedrücken.
- Bewege dich so, als wärst du zufrieden.
- Bewege dich so, als wärst du enttäuscht.
- ...

Spielidee: Mein rechter, rechter Platz ist frei

Bei dieser Übung bildet die Fachkraft zusammen mit den Kindern einen Sitzkreis. Ein Stuhl bleibt hierbei frei. Das Kind, neben dem ein Platz frei ist, äußert sich dann und sagt: „Mein rechter, rechter Platz ist frei. Ich wünsche mir XY, wenn sie **lustig** ist, herbei.“ Das Kind, das den freien Sitz belegt, ahmt dann mimisch und gestisch das gewünschte Gefühl nach. Die Aufgabe der Kinder besteht demnach darin, sich ein Kind als Sitznachbarn zu wünschen. Das herbeigewünschte Kind wird dann gebeten, eine bestimmte Emotion zu äußern und nachzumachen. Die Fachkraft achtet während des Spielverlaufs darauf, dass alle Kinder an die Reihe kommen.

Tipp

Damit alle Kinder wissen, wie das Spiel funktioniert, sollten vor Spielbeginn verschiedene Emotionen geübt werden. Das Spiel eignet sich zudem für die Verwendung bei Projektwochen, die sich mit dem Thema Gefühle beschäftigen, und kann in diese gut integriert werden.

Spielideen für den Gruppenkontext – Grundschulalter bis 12 Jahre

Spielidee: Eine Reise ins Land der Gefühle

Bei dieser Spielidee stellen sich alle Kinder in einer Reihe hintereinander auf. Dabei fassen sie mit ihren Händen an die Schulter des Vordermanns und halten sich leicht dabei fest. Dann setzt sich der ‚Zug' in Bewegung, sodass die Reise in das Land der Gefühle starten kann. Das Inbewegungsetzen des Zuges signalisiert dabei auch visuell den Start. Begleitend liest die Lehrkraft eine Geschichte vor.

Bevor die Geschichte vorgelesen wird, erläutert die Lehrkraft die Regeln. Dabei gilt:

- Während des Spiels wird nicht gesprochen.
- Bewegungen werden geräuschlos durchgeführt.
- Die Konzentration liegt vollständig auf der Geschichte.

Folgende Geschichte kann für die Reise ins Land der Gefühle verwendet werden:

In allen Farben

Wieder ist ein Tag vorbei. Er ist gegangen und hat all die Farben des Tages mit sich genommen. Bestimmt hat die Nacht auch die Farben in deinem Zimmer ganz und gar zugedeckt. Langsam wird es Zeit für dich, den Tag hinter dir zu lassen. Lasse ihn in deinen Gedanken noch einmal an dir vorüberziehen. Siehst du die Bilder, die vor deinem inneren Auge entstehen? Was ist heute geschehen, worüber du dich gefreut hast? Bist du heute stolz auf dich gewesen? Oder hast du dich vielleicht über dich oder jemand anderen geärgert?

Sieh dir die Momente des Tages noch einmal ganz genau an. Nimm dir dafür drei tiefe Atemzüge Zeit. Eins ... Zwei ... Drei ... Nun lasse die Bilder vor deinem inneren Auge verschwinden. Heute Abend sind sie nicht mehr wichtig. Denn heute ist der Tag schlafen gegangen und hat die Farben des Tages mitgenommen. Morgen ist ein neuer Tag, mit vielen neuen Eindrücken. Verabschiede dich noch einmal vom Tag und spüre, wie die Nacht sich auch langsam über dich legt.

Sie deckt auch dich zu, fast wie deine Bettdecke, in die du dich in diesem Moment eingekuschelt hast. Spürst du, wie die Nacht dich sanft in den Schlaf zu wiegen versucht? Sie meint es ganz und gar gut mit dir. Sie wünscht sich, dass du neue Kraft sammelst, die du am nächsten Tag nutzen kannst. Lasse dich deshalb gut auf die kommende Nacht ein, während deine Gedanken sich auf eine Gute-Nacht-Reise machen. Es ist eine Reise, auf der du die Farben wiederfinden kannst, die die Nacht in diesem Moment versteckt hat. Schaue dafür in Gedanken aus deinem Fenster heraus.

Sieh die dunkle Nacht, die vor dir liegt. Du bist ruhig, vollkommen ruhig – genauso ruhig wie die Nacht, die du bis in die Ferne sehen kannst. Spüre die Ruhe in dir und auch die Schwere, die deinen ganzen Körper durchströmt. Lasse dann in der Ferne einige Farben die Nacht durchbrechen, während du die Ruhe dennoch weiter in dir trägst. Siehst du das Violett, das durch den Himmel schwirrt? Erkennst du das Rot und das Orange, die einen Tanz am Abendhimmel aufzuführen scheinen?

Auch das Blau und das Grün mischen sich zu den anderen Farben und das Gelb funkelt immer mal wieder zwischen ihnen hindurch. Dann – ganz langsam – sortieren sich die Farben und kommen in einem großen Bogen auf dich zu. Ganz links ist Rot, dann kommt das Orange, als Nächstes folgt das Gelb, dann das Grün, anschließend das Blau und auf der rechten Seite kommt das Violett auf dich zu. Natürlich erkennst du, dass es sich um einen Regenbogen handelt, der auf dich zuzuschweben scheint. So etwas hast du noch nie zuvor gesehen und dennoch bist du vollkommen ruhig und entspannt. Du weißt, dass dieser Regenbogen in deinen Gedanken entsteht und dass er nur Gutes für dich bereithält.

Langsam landen die Regenbogenfarben vor deinem Fenster und du trittst hinaus vor das Haus, in dem du lebst. Du möchtest die Farben unbedingt näher ansehen. Als du vor deinem Regenbogen stehst, staunst du nicht schlecht, denn er ist größer, als du es zuerst dachtest. Direkt vor dir ragt er wie eine riesige, bunte Rutsche auf. Probiere doch einmal, ob du einen Fuß auf deinen Regenbogen stellen kannst. Tatsächlich geben die bunten Farben unter dir keinen einzigen Zentimeter nach. Tritt langsam auf den Regenbogen hinauf. Spürst du, wie du höher und höher steigen kannst? Schau, wie weit du gehen magst, und sieh dir deine Heimat einmal von ganz oben an. Wie weit kannst du die Umgebung um dich herum sehen?

Ist es nicht ein wunderbar anderer Blick auf dein Zuhause als der, den du sonst immer hast? Setze dich an den Rand deines Regenbogens und lasse die Beine ein wenig hinunterbaumeln, wenn du das magst. Tu das nur, wenn es sich gut für dich anfühlt. Spüre, wie die vielen schönen Farben dich mit einer angenehmen Wärme durchfluten. Sie machen dich stark und fröhlich und schenken dir Vertrauen und Mut. All diese schönen Gefühle fluten deinen Körper und du fühlst dich vollkommen ruhig und ganz, ganz warm.

Deine Beine werden von wohliger Wärme durchflutet und auch dein Po, mit dem du auf den Farben sitzt, nimmt die Wärme an. Sie zieht weiter in deinen Bauch und deine Brust, deine Schultern und deine Arme. Auch dein Kopf ist wunderbar warm und du bist vollkommen entspannt. Dir kommt der Gedanke, dass man immer sagt, am Ende des Regenbogens würde ein besonderer Schatz warten. Du stehst langsam auf und gehst weiter und weiter den Regenbogen entlang. Den Anfang kennst du bereits, denn es ist der Ort, an dem du aufgestiegen bist. Der Anfang des Regenbogens liegt ganz genau vor deinem Zuhause. Ob du es schaffst, bis zum Ende des Regenbogens zu spazieren, und dort einen wunderbaren Schatz finden kannst? Gehe weiter und weiter und sieh dich währenddessen noch immer in der Gegend um. Kannst du die Schönheit sehen, die in der Weite liegt, die du von hier aus sehen kannst?

Als du weitergehst, atmest du tief ein und aus. Du bist ruhig, ganz ruhig und dein Atem strömt ganz gleichmäßig, während du langsam und ruhig gehst. Ganz von allein strömt dein Atem und versorgt deinen Körper mit Kraft und Energie. Während du gehst, spürst du, wie du stark und fröhlich bist. Du fühlst Vertrauen und Sicherheit und bist voller Kraft. Fast ist es so, als würdest du schon in diesem Moment mit Energie für den morgigen Tag aufgeladen werden. Atme weiter tief ein.

Dein Atem fließt ganz von alleine und schenkt deinem Körper den Sauerstoff, den er braucht. Langsam spürst du, wie du wieder am Regenbogen heruntergehst. Offenbar hast du ihn bereits halb überquert und gehst nun wieder abwärts. Mit jedem Schritt, den du weitergehst, spürst du mehr Ruhe, denn du hast dein Ziel fast erreicht. Da vorne siehst du schon, wie der Regenbogen auf dem Boden aufkommt. Tritt hinunter und sieh dich zu allen Richtungen um.

Doch du kannst weit und breit keinen Schatz entdecken. Buddle ein wenig in der Erde, wo die Farben den Boden berühren. Doch auch dort kannst du keinen Schatz entdecken. Plötzlich merkst du, wie etwas hinter dir ganz stark zu leuchten beginnt. Langsam drehst du dich um und wirst fast geblendet. Du zwinkerst und siehst, dass dich der Regenbogen mit all seinen Farben anleuchtet, als hätte er einen Scheinwerfer auf dich gerichtet. Du bist der Schatz am Ende des Regenbogens. Du bist etwas ganz Besonderes. Ein wohliges Gefühl macht sich in dir breit und du lächelst. Du legst deine Hände auf dein Herz und bedankst dich bei dem Regenbogen, dass er dir das gezeigt hat. Tritt nun langsam mit diesem wohligen Gefühl den Rückweg an und setze dafür den ersten Fuß auf den Regenbogen.

Als du mit deinen Zehenspitzen das Orange berührst, das sich in der Mitte des Farbbogens befindet, durchströmt dich ein Gefühl von Vertrauen und Sicherheit. Du weißt ganz genau, dass der Regenbogen dich halten und du sicher zur anderen Seite gelangen wirst. Setze den zweiten Fuß auf das Orange und spüre, wie sich dieses Gefühl verstärkt. Noch nie zuvor hast du ein solches Vertrauensgefühl gespürt. Speichere das leuchtende Orange und das Gefühl von Vertrauen und Sicherheit gut ab, damit du immer wieder darauf zugreifen kannst, wenn du es brauchst. Als du losgehst, beobachtest du etwas Spannendes.

Denn mit einem Fuß trittst du auf das Gelb und fühlst dich mit einem Mal fröhlich und leicht. Ein Grinsen huscht über dein Gesicht und du spürst, dass alles Belastende einfach von dir herunterrutscht, als wäre es auf der Regenbogenrutsche bis zum Boden geflutscht. Ob jede Farbe ein ganz eigenes Gefühl mit sich bringt? Das Orange fühlt sich nach Vertrauen und Sicherheit an und das Gelb nach Freude und Leichtigkeit. Wie sieht es mit dem Rot aus?

Tritt einen Schritt weiter nach links, an den Rand des Regenbogens, um es herauszufinden. In dem Moment, in dem deine Füße die Farbe berühren, spürst du eine tiefe Wärme in dir. Sie fühlt sich nach den Menschen an, die dir ganz besonders wichtig sind und die du sehr lieb hast. Gleichzeitig fühlst du dich stark, als könntest du dich allen anderen gegenüber durchsetzen. Eigenartig, dass du auf dem Hinweg eine Mischung aus all diesen Gefühlen gespürt hast. Dir war gar nicht bewusst, dass es die einzelnen Farben waren, die diese Gefühle in dir ausgelöst haben. Das Orange, das dir Vertrauen schenkt, und das Gelb, das dich fröhlich werden lässt. Nun das Rot, das dir die Liebe zeigt und dir die Kraft gibt, dich durchzusetzen.

Während du auf dem Regenbogen in Richtung deines Zuhauses wanderst, probierst du auch die anderen Farben noch aus. Du gehst weiter nach rechts und trittst auf das leuchtende Grün unter dir. In diesem Moment durchströmt Mut deinen Körper und du speicherst diesen Mut für die nächsten Tage in dir ab. Du trägst nun Vertrauen, Fröhlichkeit, Liebe und Mut in dir und kannst jederzeit darauf zurückgreifen, wenn du es brauchst. Probiere als Nächstes, was das Blau mit dir macht. Setze einen Fuß hinauf und spüre, wie Ruhe und Sanftheit dich durchströmen. Es ist ein wunderbares Gefühl und lässt deinen Körper ganz und gar entspannt werden. Spürst du, wie du das Gefühl bekommst, alles mit Ruhe schaffen zu können?

Nichts kann dich aus der Ruhe bringen und das fühlt sich fantastisch an. Schaue nun, was die letzte Farbe für dich bereithält, und gehe zum Lila. Kraft durchströmt deinen ganzen Körper. Du fühlst dich gleichzeitig einsichtig, aber auch voller Kraft und innerer Stärke. Sauge diese Stärke in dir auf. Sie ist nun in dir drinnen und du kannst darauf zurückgreifen, wann immer du es gerne möchtest.

Du bist fast an deinem Ziel angekommen und fühlst dich von all den Farben angereichert. Spüre noch ein letztes Mal die Mischung aus Farben in dir, die zu einem Wärmeball in deinem Bauch verschmelzen. Du bist vollkommen ruhig und trägst die Ruhe des Blaus in dir. Du fühlst dich genauso sanft und das Blau scheint in deinem Inneren. Dein Bauch ist ganz sonnenwarm. Spüre die Stärke, die das Lila dir geschenkt hat, und dein Bauch ist ganz und gar sonnenwarm. Das Grün durchflutet deinen Körper mit Mut und dein Bauch ist vollkommen sonnenwarm. Orange schenkt dir das Vertrauen, das du brauchst, und dein Bauch ist wunderbar sonnenwarm. Gelb füllt dich mit Fröhlichkeit aus und dein Bauch verströmt wunderschöne Sonnenwärme. Und das Rot lässt dich lieben und hilft dir, dich durchzusetzen. Und dein Bauch ist ganz und gar sonnenwarm und gibt diese kuschelige Wärme an den Rest deines Körpers ab. Drehe dich nun ein letztes Mal zum Regenbogen, der sich langsam wieder vor dir aufrichtet. Bedanke dich bei ihm, denn heute hast du etwas ganz Wichtiges gelernt.

Der Schatz, von dem alle immer sprechen, liegt nicht am Ende des Regenbogens. Der Schatz bist du selbst. Verabschiede dich von dem bunten Farbbogen in dem Wissen, dass du all die Farben in deinem Inneren gespeichert hast. Du kannst in den nächsten Tagen auf sie zugreifen, wann immer du sie benötigst. Gehe nun ins Bett und kuschle dich ein. Die Nacht hat die Farben zugedeckt. Doch an die Farben, die in deinem Inneren schimmern, kommt sie nicht heran. Gute Nacht, du kunterbuntes Kind. Schlafe schön und träume von Schätzen, die du in dir trägst, und von Bögen, die in allen Farben für dich leuchten.

Tipp

Bevor die Geschichte vorgelesen wird, sollten die Bewegungen mit den Kindern besprochen werden.

Spielidee: Entspannungsgeschichte
Bei diesem Spiel fordert die Lehrkraft die Schüler auf, sich einen bequemen Platz innerhalb des Raumes zu suchen. Damit sich die Schüler bequem positionieren können, können Decken oder Matten im Raum ausgelegt werden. Dann werden die Kinder gebeten, die Augen zu schließen und der Geschichte zu lauschen, während sie die Anweisungen befolgen. Durch die Umsetzung der Entspannungsübungen sollen sich die Kinder entspannen. Hierzu eignet sich beispielsweise die nachfolgende Geschichte:
Beispielgeschichte für die Entspannung der Nacken- und Schultermuskulatur:

Körperreise zur progressiven Muskelentspannung – „Mit all meiner Kraft"

Für diese Fantasiereise legst du dich mit dem Rücken auf den Boden. Ruckle dich kurz zurecht, bis du eine gute Position gefunden hast. Nun liegst du ganz sicher auf deiner Unterlage. Spüre, welche Teile deines Körpers auf dem Untergrund aufliegen. Spürst du die Hacken, die den Boden berühren? Wandere mit deiner Aufmerksamkeit nun etwas höher. Nimm die Punkte wahr, an denen deine Beine den Boden unter dir berühren. Auch dein Po liegt weich und sicher auf dem Untergrund auf. Wirf nun einen Blick auf deinen Rücken. An welchen Stellen hast du Kontakt zum Untergrund? Ist es die untere Rückengegend direkt über deinem Po? Oder spürst du den Boden erst in deinem oberen Rücken- und Schulterbereich? Spüre nun an deinen Armen hinunter. Berühren deine Oberarme den Boden? Die Ellenbogen? Die Unterarme? Mit welchen Teilen deiner Hand nimmst du Kontakt auf? Zuletzt ist dein Kopf an der Reihe. Als Verlängerung deines Nackens berührt er den Untergrund an einer Stelle. Welche Stelle ist das?

All diese Berührungspunkte geben dir Sicherheit. Sie verbinden dich mit der Erde unter dir und halten dich ganz fest. Du liegst sicher und völlig entspannt. Ein weiteres Mal wanderst du mit deiner Aufmerksamkeit deinen gesamten Körper entlang. Beginne mit den Füßen. Spüre, wie sie auf dem Boden aufliegen. Stelle dir nun vor, wie du mit ihnen eine Zitrone auspresst. Ziehe die Zehen beider Füße nach unten zusammen. Spanne deine Füße so stark an, dass du die Zitrone vollständig auspressen kannst. Denke dabei daran, tief zu atmen. Du atmest einmal tief ein ... und aus ... Halte die Spannung und atme ein zweites Mal tief ein ... und wieder aus ... Drücke die Zitrone weiter aus und atme ein drittes Mal tief ein … und wieder aus … Lasse die Füße nun ganz locker. Ihre Arbeit ist getan. Spürst du, wie angenehm leicht sie sich anfühlen?

Als Nächstes sind deine Beine an der Reihe. Sie wollen dir zeigen, wie kräftig sie sind. Drücke deine Beine hierfür vollständig auf die Matte. Mit aller Kraft versuchen deine Beine, die Unterlage wegzudrücken. Deine Waden sind hart wie ein Brett und deine Oberschenkel so angespannt, dass die Muskeln hervortreten. Halte die Spannung für einen Atemzug. Ein … und wieder aus … Für den nächsten Atemzug. Ein … und wieder aus. Und für den letzten Atemzug. Ein … und noch einmal aus … Entspanne deine Beine. Sie liegen jetzt wieder ganz ruhig auf dem Boden auf und werden eins mit dem Untergrund, der sie leicht und sicher hält.

Komme als Nächstes zu deinem Po. Spanne die Pobacken so stark an, als wollten sie deinen ganzen Körper balancieren. Spürst du, wie deine Körpermitte bei der Anspannung nach oben wandert und nur auf den Spitzen deiner Pobacken aufliegt? Halte auch diese Spannung drei Atemzüge lang. Nimm den ersten tiefen Atemzug. Ein … und wieder aus … Bleibe mit deiner Aufmerksamkeit bei deinem angespannten Po und atme ein zweites Mal tief ein … und wieder aus … Ein letztes Mal. Ein … und wieder aus … Wenn du die Anspannung löst und deine Pobacken wieder ganz weich werden, sackt dein Körper zurück auf den Boden und ist wieder leicht und entspannt. Dein Po liegt ganz locker auf. Er braucht deinen Körper jetzt nicht mehr in die Luft zu heben. Als Nächstes ist dein Bauch an der Reihe. Spanne deine Bauchdecke kräftig an. Hierfür ziehst du sie so stark nach innen, wie du kannst. Dein Bauch wird hart wie ein Brett. Achte dennoch darauf, dass du völlig frei atmen kannst. Wenn du die nächsten drei Atemzüge nimmst, sind diese dennoch tief und wohltuend. Atme einmal tief ein … und wieder aus … Halte die Anspannung in deinem Bauch und atme ein zweites Mal ein … und wieder aus … Und ein letztes Mal. Ein … und wieder aus … Dein Bauch wandert wieder nach außen und ist ganz weich und locker. Spüre, wie angenehm er sich anfühlt.

Um deinen Rücken anzuspannen, gehe kräftig ins Hohlkreuz. Ziehe dafür die Schulterblätter zusammen und bewege deinen ganzen Oberkörper nach oben. Nur deine Schultern berühren jetzt den Boden, wenn du einmal tief ein … und wieder ausatmest … Deine Schultern halten deinen Oberkörper in der Luft. Atme ein zweites Mal ein … und wieder aus … Spüre, wie dein Körper von der Kraft deiner Schultern getragen wird. Atme nun ein letztes Mal ein … und wieder aus … Lasse deinen Körper wieder auf den Boden unter dir hinabsinken. Die Schulterblätter entspannen sich und dein Rücken findet seinen Platz zurück auf dem Boden unter dir. Komme als Nächstes zu deinen Armen. Mit deinen Händen hast du die Kraft, Wasser aus einem Stein herauszudrücken. Nimm in Gedanken einen Stein in jede Hand und drücke so fest zu, wie du kannst. Deine Hände, deine Unterarme und deine Oberarme sind so fest angespannt, als wären sie selbst der Stein, den du drückst. Schaue dir dabei zu, wie du das Wasser aus den Steinen herausdrückst, während du einmal tief ein ... und wieder ausatmest ... Drücke noch ein wenig fester und atme ein zweites Mal ganz tief ein ... und wieder aus ... Deine Arme und Hände beginnen, von deiner Kraft zu zittern, und du atmest ein drittes Mal ein ... und wieder aus ... Lockere nun deine Hände und Arme. Die Steine sind völlig leer und dürfen verschwinden. Deine Hände und Arme liegen wieder ganz sanft und leicht auf dem Boden auf.

Wandere nun mit deiner Aufmerksamkeit zu deinem Nacken. Den ganzen Tag trägt er deinen Kopf. Er möchte dir zeigen, wie viel Kraft tatsächlich in ihm steckt. Um deinen Nacken anzuspannen, drücke deinen Kopf fest auf den Boden. Spürst du die Anspannung, die von deinem Nacken bis in deinen Hals wandert? Konzentriere dich gleichzeitig auf die Anspannung und deine Atmung, wenn du einmal tief ein ... und wieder ausatmest ... Tue dies ein zweites Mal und atme tief ein ... und wieder aus ... Die Luft strömt trotz der Anspannung durch deinen Hals, wenn du ein drittes Mal ein ... und wieder ausatmest ... Entspanne deinen Hals und deinen Nacken. Dir ist nun klar, welche Arbeit die Muskeln in deinem Nacken den ganzen Tag tun. Du liegst nun wieder ganz entspannt auf dem Untergrund auf.

Als Letztes kommst du zu deinem Gesicht. Spanne alle Muskeln in deinem Gesicht so fest an, wie du nur kannst. Stelle dir dabei vor, dass alle Grimassen erlaubt sind und du dein Gegenüber zum Lachen bringen möchtest. Ziehe die Augenbrauen nach innen, kneife die Augen zusammen, reiße den Mund auf und strecke die Zunge weit heraus. Als Nächstes kneife die Lippen zusammen und reiße die Augen auf. Jede Bewegung deines Gesichtes ist erlaubt. Atme bei deiner Gesichtsgymnastik einmal tief ein ... und wieder aus ... Und ein zweites Mal ein ... und wieder aus ... Mache weiter mit dem Gesichtssport und atme ein drittes Mal ein ... und wieder aus ... Entspanne nun deine Gesichtszüge. Du hast dein Ziel erreicht und dein Gegenüber zu einem Lachanfall bewegt. Spüre ein letztes Mal deinen gesamten Körper. Er hat sich kräftig angestrengt und für dich gearbeitet. Die Entspannung, die du gerade spürst, hat er sich vollkommen verdient. Spüre noch einmal, wie er ganz sanft und leicht auf dem Boden aufliegt. Werde dir bewusst, dass du gehalten wirst und ganz sicher bist. Atme für diese Körperreise drei letzte Male tief ein und aus, bevor du die Augen öffnest, dich kräftig streckst und dir die Zeit nimmst, die du brauchst, um wieder in den Raum zurückzukommen. Ein ... und aus ... Ein zweites Mal. Ein ... und wieder aus ... Und ein letztes Mal. Ein ... und wieder aus ... Komme langsam zu mir zurück und nimm die Kraft deines Körpers für den weiteren Tag mit.

Tipp

Sollen während der Entspannungsgeschichte bestimmte Übungen ausgeführt werden, sollte die Lehrkraft die Geschichte frei vortragen können, damit sie die Übungen für die Kinder vormachen kann. Wird die Geschichte zum ersten Mal vorgetragen, müssen die Kinder die Augen offen lassen. Entspannungsgeschichten gibt es für verschiedene Muskelpartien. So können beispielsweise auch Geschichten für die Entspannung der Gesichtsmuskulatur, Bauchmuskulatur, der Hand- und Armmuskulatur sowie für die Bein- und Fußmuskulatur umgesetzt werden.

Auf einen Blick:

Darum ist die Regulation von Gefühlen wichtig

Dass Kinder die Regulation ihrer Gefühle erlernen, ist vor allem für den Kontext der Schule wichtig. In diesem Zusammenhang werden Kinder häufig vor die Herausforderung gestellt, dass sie Aufgaben bearbeiten sollen, die ihnen unter Umständen keinen Spaß bereiten, aber dennoch erledigt werden müssen. Aus diesem Grund ist es wichtig, dass Kinder lernen, ihre Gefühle zu kontrollieren, da dies auch für das spätere Leben und den beruflichen Kontext ein zentraler Bestandteil ist. Daher gilt:

- Um die Gefühle zu verstehen, muss das Kind zunächst lernen, seine eigenen Gefühle zu erkennen, bevor es die Gefühle seines Umfeldes wahrnehmen kann. Hierbei lernt es beispielsweise durch die Beobachtung der Körpersprache sowie des Verhaltens.
- Damit Kinder ihre Gefühle erkennen können, müssen sie lernen, einzelne Gefühle zu benennen.
- Für einen souveränen Umgang mit Gefühlen sollte das Kind in seiner Entwicklung zum Beispiel durch Spielimpulse unterstützt werden.
- Im Verlauf der kindlichen Entwicklung werden auf diese Weise verschiedene Gehirnareale miteinander verknüpft, die es dem Kind ermöglichen, seine Gefühle besser zu regulieren.

Aggression und Wut loswerden

In den ersten Lebensjahren werden Kinder mit einer Vielzahl von Eindrücken konfrontiert, während sie sich mit der Welt auseinandersetzen. In dieser Auseinandersetzung lernen sie, wie die Welt funktioniert, und erfahren, dass nicht alle Situationen und Abläufe kontrollierbar sind. Dabei gelingt den meisten Kinder vieles noch nicht so, wie sie es gerne hätten. In der Folge führt dieser Zustand häufig zu Frustration, wodurch Gefühle wie Wut und Aggression entstehen können. Aggressives Verhalten bei Kindern ist daher bis zu einem gewissen Maß normal. Dies liegt vor allem daran, dass ihnen schlichtweg die Möglichkeit fehlt, sich anderweitig auszudrücken oder die eigenen Bedürfnisse selbstständig zu erfüllen. Damit Kinder in ihrer Frustration nicht zurückbleiben, ist es wichtig, dass sie dabei begleitet werden, ihre Gefühle anzunehmen. Auf diese Weise können sie Strategien entwickeln, die ihnen dabei helfen, mit ihren Gefühlen umzugehen. Mit zunehmender Sprachkompetenz lässt die kindliche Aggression im Normalfall nach. Dennoch sollten Kinder im Austausch mit anderen Kindern immer wieder lernen, dass es nicht in Ordnung ist, sich gegenseitig wehzutun. Daneben kann Aggression ihre Ursache in inkonsequenter Erziehung oder familiären Krisen, wie beispielsweise Trennungen, haben. Wichtig ist auch in diesem Fall die liebevolle Begleitung des Kindes. Hier sind Strafen nicht der richtige Weg. Vielmehr sollten Eltern ruhig und einfühlsam auf das Kind eingehen und ihm signalisieren, dass es in seinen Gefühlen ernst genommen wird. In allen Fällen weisen Wut und Aggression bei Kindern auf ein unerfülltes Bedürfnis hin. Um Kinder im Umgang mit ihren Gefühlen zu schulen und sie bei der Regulation von Aggressionen und Wut angemessen zu unterstützen, können diverse Spielideen sowohl im Individual- als auch im Gruppenkontext wirksam eingesetzt werden:

Individualkontext

Spielideen für den Individualkontext – Kindergartenalter

Spielidee: Wutmonster formen

Damit wütende Kleinkinder ihre Wut auslassen können, kann es hilfreich sein, gemeinsam mit ihnen kleine Wutmonster zu basteln. Hierzu eignet sich beispielsweise als Material Knete, die mit den Händen bearbeitet werden kann. Während das Kind die Knete nach seinen Vorstellungen bearbeiten darf, können Eltern eine Geschichte über Wut erzählen, mit der sich das Kind gegebenenfalls identifizieren kann. Alternativ kann ein beruhigendes Hörspiel im Hintergrund eingeschaltet werden, damit das Kind sich entspannen und seinen Frust loswerden kann.

Tipp

Damit das Kind lernt, sein eigenes Verhalten und seine Gefühle besser zu verstehen, ist es wichtig, die Frustration des Kindes zu begleiten. Hierbei sollte altersgerecht über die Gefühle des Kindes gesprochen werden. Darüber hinaus ist es wichtig, dass sich das Kind in seinen Impulsen ernst genommen fühlt.

Spielidee: Wut durch körperliche Bewegung abreagieren
Gegen Wut hilft den meisten Kindern Bewegung. Diese kann im Individualkontext beispielsweise durch eine wilde Luftballonjagd umgesetzt werden. Hierzu kann es ausreichen, mehrere Luftballons aufzublasen. Im Anschluss werden die Luftballons auf dem Boden verteilt. Das Kind erhält dann die Erlaubnis, die Luftballons am Boden zu zertreten. Das hilft nicht nur beim Abreagieren, sondern trägt auch dazu bei, dass die Wut des Kindes reduziert wird.

Tipp
Neben dem Luftballonspiel kann das Spiel durch das Trommeln mit Kochlöffeln auf einem Karton oder Ähnlichem variiert werden. Hierbei kann sich das Kind ebenfalls abreagieren. Diese Methode eignet sich jedoch nur, wenn eine Räumlichkeit zur Verfügung steht, in der das Kind uneingeschränkt laut sein kann. Besteht diese Möglichkeit nicht, kann alternativ ein Kartoffelsack mit Schaumstoff befüllt werden. Dieser wird dann so aufgehängt, dass das Kind ihn erreichen kann. Um sich abzureagieren, darf das Kind den Sack durch den Raum schubsen.

Spielideen für den Individualkontext – Grundschulalter bis 12 Jahre

Spielidee: Wutparcours

Für ältere Kinder kann ein Wutparcours aufgebaut werden. Hier kann mit unterschiedlichen Stationen gearbeitet werden. So können beispielsweise nach dem Überwinden von Stühlen Papiere bereitgelegt werden, die das Kind vor dem weiteren Fortschreiten zerreißen muss. Hierzu eignen sich beispielsweise Altpapier und Werbeprospekte. Nachdem das Kind diese Station überwunden hat, muss es beispielsweise eine Höhle durchkriechen, an deren Ausgang ein Poster liegt, in das das Kind mit der Faust hineinschlagen muss. Hat es auch diese Station überwunden, muss es durch Reifen springen (beispielsweise Hula-Hoop-Reifen), bevor es am Ende des Parcours über eine Luftpolsterfolie stampfen muss.

Tipp

Die einzelnen Stationen können auch ohne Wutparcours verwendet werden. So kann im Einzelfall für den Abbau von Wut Papier zerrissen, Luftpolsterfolie zerdrückt oder in ein Wutpolster geboxt werden.

Spielidee: Wurfecke

Für den Abbau von Wut kann im Kinderzimmer eine kleine Wurfecke eingerichtet werden. Hierzu können Kuscheltiere oder leichte Gegenstände in einer Zimmerecke positioniert werden. Im Anschluss wird Zeitungspapier zu einer Kugel zerknüllt. Alternativ können Softbälle verwendet werden. Dann erhält das Kind den Auftrag, die positionierten Gegenstände mithilfe der Zeitungspapierbälle oder der Softbälle abzuwerfen.

Tipp

Diese Übung eignet sich auch für die Umsetzung im Außenbereich. Hierbei können auch schwerere Bälle verwendet werden.

Gruppenkontext

Spielideen für den Gruppenkontext – Kindergartenalter

Spielidee: Tierisch wütend

Für die Umsetzung dieses Spiels stellen sich die Kinder in einem Kreis auf und verteilen sich im Raum. Im Anschluss werden die Kinder durch die Fachkraft angeleitet, ihre Wut herauszulassen. Dazu werden sie von außen wie folgt angeregt. Die Fachkraft bittet die Kinder,

- zu brüllen wie ein Löwe,
- zu schreien und zu hüpfen wie ein Affe,
- zu fauchen wie ein Tiger,
- zu trampeln wie ein Elefant,
- auf die eigene Brust zu trommeln wie ein Gorilla,
- zu zischen wie eine Schlange,
- zu bellen wie ein Hund,
- zu fauchen wie eine Katze,
- zu heulen wie ein Wolf,
- zu brummen wie ein Bär,
- zu knurren wie ein Hund,
- zu gackern wie ein Huhn,
- ...

Damit sich die Erregung legt, werden die Tiere nach einiger Zeit friedlicher. Hierzu leitet die Fachkraft an,

- zu schnurren wie eine Katze,
- zu singen wie ein Vogel,
- zu summen wie eine Biene,
- zu gurren wie eine Taube,
- zu pfeifen wie ein Wal,
- ...

Tipp
Zum Spannungsabbau, zur Auflockerung und zur Entspannung können die einzelnen Tierlaute alternativ in eine Geschichte eingebaut werden, der die Kinder folgen müssen. Wann immer sie die Tiere in der Geschichte wahrnehmen, ahmen sie deren Laute nach.

Spielidee: Luftballon-Jagd
Bei dieser Übung erhält jedes Kind einen Luftballon. Während des Aufblasens wird mit den Kindern besprochen, dass nun alle gemeinsam ihre Wut in die Ballons pusten. Dabei können die Kinder das Aufblasen des Luftballons imitieren, während die Fachkräfte diese aufblasen. Dann werden die Luftballons mit einer Kordel am Fuß des Kindes befestigt. Dann laufen die Kinder quer durch den Raum und versuchen, die Ballons der anderen Kinder mit dem Fuß zu erwischen. Je nach Alter kann das Spiel so variiert werden, dass die Kinder die Ballons mit den Händen fangen müssen, statt sie mit dem Fuß zu berühren.

Tipp
Das Spiel kann sowohl im Innen- als auch im Außenbereich umgesetzt werden. Bei der Befestigung der Kordel sollte darauf geachtet werden, dass die Kordel nicht zu lang ist, damit sich die Kinder nicht ineinander verheddern.

Spielideen für den Gruppenkontext – Grundschulalter bis 12 Jahre

Spielidee: Sitzkreismeckerei

Bei diesem Spiel sitzen alle Kinder in einem Sitzkreis. In der Mitte werden von der Fachkraft zwei Kinder ausgewählt, die sich in der Mitte gegenüberstehen. Sie erhalten dann die Aufgabe, entgegen der sonst geltenden Regeln, sich fantasievoll zu beschimpfen. Hierbei gilt jedoch, dass bekannte Schimpfworte nicht verwendet werden dürfen. Stattdessen besteht die Aufgabe darin, fantasievolle und lustige Schimpfworte zu erfinden, wie beispielsweise

- „Du muffiges Krümelmonster!",
- „Du riesiges Nasenstinktier!",
- „Du watscheliger Pinguin!",
- „Du langnasiger Wackeldackel!",
- ...

Die oberste Regel des Spiels besteht dabei darin, sich nicht persönlich zu beschimpfen und das Gegenüber nicht zu beleidigen. Die Aufgabe der Fachkraft ist es dabei, die Stimmung der Gruppe im Auge zu behalten und einzugreifen, sollte sich das Spiel in eine persönliche Richtung entwickeln.

Tipp

Das Spiel sollte beendet werden, sobald die meisten (oder möglichst alle) Kinder nicht mehr schimpfen können, weil sie über die fantasievollen Beschimpfungen der anderen Kinder lachen müssen. Vor Beginn des Spiels sollte festgelegt werden, in welcher Reihenfolge die Kinder sich in der Mitte abwechseln. Es sollte dabei sichergestellt werden, dass alle Kinder mindestens einmal an die Reihe kommen.

Spielidee: Einen Wutknautschball basteln
Material:

- Luftballons
- Füllmaterial, zum Beispiel Reis, (Vogel-) Sand, Zucker, Grieß
- Trichter
- Scheren
- Filz
- Stoffreste
- Kleber

Aus den zur Verfügung stehenden Materialien wird ein Wutknautschball gebastelt, den die Kinder, wenn sie wütend sind, kneten oder quetschen können, um sich zu entspannen. Als Erstes wird der Luftballon mithilfe des Trichters mit dem ausgewählten Füllmaterial befüllt. Im Anschluss wird der Luftballon zugeknotet. Der überstehende Zipfel wird abgeschnitten. Im nächsten Schritt werden die Mundstücke von zwei weiteren Ballons abgeschnitten. Dann werden die abgeschnittenen Ballons im Nachgang über den gefüllten Luftballon gestülpt. Diese werden jeweils so übereinander gestülpt, dass die offene Stelle des ersten Ballons vom zweiten Ballon verdeckt wird.

Dann wird zusammen mit den Kindern aus Filz und Stoffresten ein wütendes Gesicht gebastelt, dass sie im Anschluss auf ihre Wutbälle kleben können.

Tipp
Je nach Alter sollten die Kinder während des Bastelns verstärkt unterstützt werden. Vor allem die Gesichter sollten fest angebracht werden, damit sie beim Kneten des Wutballs nicht abfallen. Darüber hinaus kann der Wutball neben dem Kneten zum Weitwurf eingesetzt werden. Hierzu können alle Kinder nacheinander von einer Ziellinie aus ihren Wutball werfen. Außerdem kann ein etwas größeres Behältnis aufgestellt werden, in das die Kinder beim Wurf ihres Wurfballs zielen müssen.

Auf einen Blick:

Tipps zum Umgang mit Wut und Aggression bei Kindern

- Um das aggressive Verhalten des Kindes zu regulieren, sollte die Eltern-Kind-Bindung gestärkt werden. Hierbei sollten Eltern sich die positiven Eigenschaften des Kindes vor Augen führen.
- Impulsive Kinder benötigen klare Regeln. Dabei ist es wichtig, dass diese konkret und eindeutig formuliert sind. Zudem sollten nicht zu viele Regeln aufgestellt werden, damit sie für das Kind umsetzbar bleiben.
- Verhält sich das Kind korrekt, sollte es gelobt werden. Hierbei kann es hilfreich sein, wenn positives Verhalten positiv bestärkt wird. Das heißt, verhält sich das Kind korrekt, kann hieraus eine Belohnung, wie das Vorlesen eines Buches oder ein gemeinsames Spiel, hervorgehen. Die jeweilige positive Konsequenz kann dabei an den Stärken und Interessen des Kindes orientiert werden.
- Werden die Regeln vom Kind übertreten, sollte darauf geachtet werden, dass sich hieraus Konsequenzen ableiten. Damit das Kind die Chance hat, die Überschreitung von Regeln zu vermeiden, sollten im Vorfeld die Konsequenzen besprochen werden. Die Konsequenzen sollten sich hierbei in einem realistischen Rahmen zum kindlichen Verhalten orientieren.

Beispiel:

Verhalten	*Konsequenz*
Das Kind wirft einen Legoturm (z. B. vom Geschwisterkind oder aus Wut) absichtlich um.	*Das Kind baut den umgestoßenen Turm wieder auf.*
Das Kind erledigt vor der Verabredung mit dem Spiel eine zuvor besprochene Aufgabe nicht.	*Das Kind darf erst 5 Minuten später zu seiner Verabredung.*
Das Kind räumt seine Spielzeugkisten aus, obwohl es sie einräumen soll, weil es keine Lust hat, aufzuräumen.	*Das Kind muss in Anwesenheit der Mutter / des Vaters aufräumen.*
Ein älteres Kind überzieht seine Medienzeit.	*Die Medienzeit wird am kommenden Tag um die überschrittene Zeit reduziert.*

- Grundsätzlich ist es für impulsive Kinder wichtig, dass sie ein Vorbild haben, an dem sie sich orientieren können. Das bedeutet: Eltern sollten in Konflikten mit gutem Beispiel vorangehen und versuchen, diese ruhig und sachlich zu lösen.
- Darüber hinaus kann es wichtig sein, dass das Kind bei der Lösung von Konflikten mit anderen Kindern unterstützt wird. Hierzu kann der Konflikt gemeinsam besprochen werden, um mögliche Lösungswege aufzuzeigen.
- Wutanfälle sollten nicht bestraft werden.

Rituale für mehr Zusammenhalt und Gemeinschaft

Bei Ihren Kindern sorgen Rituale für Geborgenheit. Durch die wiederkehrenden Muster kann sich das Kind auf bestimmte Abläufe verlassen und sich mental auf die nächsten Schritte im Ablauf vorbereiten. Während der Umsetzung vermitteln sie dem Kind Sicherheit und Verlässlichkeit und machen die Welt für Ihr Kind vorhersehbarer. Darüber hinaus stärken gemeinsame Rituale die Bindung zwischen Ihnen und Ihrem Kind. Sie sorgen für eine emotionale Verbundenheit und für Ordnungsstrukturen. Rituale helfen daher dabei, dass sich die Entwicklung Ihres Kindes in einem gesunden Rahmen vollzieht. Sie sind vor allem deshalb wichtig, weil ein Kind im Laufe seiner Entwicklung jeden Tag mit neuem Wissen konfrontiert wird. Dabei treffen viele Eindrücke auf Ihr Kind ein, weshalb es wichtig ist, dass sich Ihr Kind innerhalb eines sicheren Rahmens mit diesem Neuen auseinandersetzen kann. Deshalb braucht es neben verlässlichen Beziehungen vertraute Rituale. Im Alltag sind sie dabei ein idealer Erziehungshelfer und helfen auch, unbeliebte Situationen, wie beispielsweise das abendliche Zähneputzen, in einen festen, wiederkehrenden Rhythmus des Alltags zu integrieren. Auf diese Weise müssen feste und täglich wiederkehrende Bestandteile des familiären Ablaufs nicht jeden Tag neu verhandelt werden, da sie als Grundbaustein zur familiären Routine gehören.

Beispiele für Rituale und Routinen im Alltag:

- Gutenachtgeschichte
- Gutenachtkuss
- Abendtoilette
- Kuscheleinheit am Abend
- Kuscheleinheit am Morgen
- Abschiedsrituale
- ...

Zudem geht das kindliche Hirn davon aus, dass bestimmte Handlungen umso wichtiger sind, je häufiger diese durchgeführt werden. Auch während eines Jahres schenken Rituale Kindern Geborgenheit, da sie dem Kind dabei helfen, sich innerhalb des Jahres besser zu orientieren. Um Kindern den Alltag zu erleichtern, können Rituale dazu beitragen, Kinder bei der Aneignung der Welt Sicherheit und Halt zu geben und sie in ihrem Lernprozess zu unterstützen. Wollen Sie Ihrem Kind dabei zur Seite stehen, können diverse Spielideen sowohl im Individual- als auch im Gruppenkontext wirksam eingesetzt werden:

Individualkontext

Ideen für den Individualkontext – Kindergartenalter

Anregung: Tanzstern
Material:
schwarzes Tonpapier
Schere
transparentes Klebeband
Stift zum Einzeichnen

Umsetzung:
Dieses Ritual kann als **Einschlafritual** verwendet werden. Hierzu schneiden Sie aus schwarzem Tonpapier einen Kreis aus. Der Kreis sollte dabei an die Größe der Leuchtfläche einer Stabtaschenlampe angepasst werden. In den ausgeschnittenen Stern schneiden Sie dann einen Kreis, den Sie mithilfe von Klebeband auf der Leuchtfläche der Taschenlampe befestigen. Im Anschluss ziehen Sie eine Spieluhr auf oder schalten an einem externen Gerät für einen zuvor festgelegten Zeitraum (dem Alter des Kindes angemessen) eine Einschlafmelodie ein. Solange die Melodie erklingt, lassen Sie den Stern an der Decke oder Wand tanzen.

Tipp
Die Form der Figur kann wahlweise verändert werden. Hierbei kann es sinnvoll sein, diese am Interesse des Kindes zu orientieren. Hier sind beispielsweise auch Tiere oder Ähnliches denkbar. Natürlich sollte dieses Ritual vor dem Einschalten der Musik eine liebevolle Mischung aus „Gute-Nacht-Sagen" und „Leuchtritual" sein, damit der „Abschied" von Ihnen bis zum nächsten Morgen leichter fällt.

Anregung: Der Bus fährt!

Kinder sind in den Abendstunden meist besonders vertieft in ihr Spiel. Das liegt vor allem daran, dass sie meist nicht schlafen möchten. In diesen Fällen können Sie dieses **Abendritual** einsetzen, um die Zeit vor dem Zubettgehen anzukündigen. Hierbei kündigen Sie Ihrem Kind an, dass der Bus zum Bad in wenigen Minuten abfährt. Zunächst hält er im Wohnzimmer, dann an den anderen Räumen. Die Endstation ist das Badezimmer. An den einzelnen Stationen wird das Kind gebeten, in den Bus einzusteigen. „Tuuuut – Tuuut! Abfahrt!" Wenn Ihr Kind an der Haltestelle bereitsteht, wird es von Ihnen auf den Arm oder die Schultern (beliebig abänderbar) genommen und ins Badezimmer getragen.

Tipp

Kann sich Ihr Kind eher für Autos, Züge, Flugzeuge oder Schiffe begeistern, können natürlich alternativ auch diese Verkehrsmittel genutzt werden. Um die Situation noch ansprechender und aufregender zu gestalten, können Sie sich entsprechend des gewählten Verkehrsmittels eine Ansage überlegen oder einen Hut tragen.

Ideen für den Individualkontext – Grundschulalter bis 12 Jahre

Anregung: Guten-Morgen-Lied

Damit Ihr Kind besser in den Morgen startet, sollten Sie auch diesen mit Ritualen gestalten. Als **Morgenritual** können Sie daher eine liebevolle Morgenroutine einführen, damit Ihr Kind nicht mit dem falschen Bein aufsteht. Hierzu können Sie Ihr Kind zunächst sanft aufwecken, wenn der Wecker für die Schule klingelt. Damit keine Hektik aufkommt, sollten Sie die Zeiten hierzu entsprechend planen. Nachdem Sie Ihrem Kind liebevoll „Guten Morgen" gesagt haben, können Sie ein Lied singen, das Ihr Kind kennt und mitsingen kann. Hierzu eignen sich am besten lustige Lieder, die Ihrem Kind bereits am frühen Morgen gute Laune verpassen.

Beispiel:

A ram sam sam a ram sam sam
O Guli guli guli guli guli ram sam sam
A rabi a rabi
O Guli guli guli guli guli ram sam sam

Tipp

Damit Sie ein Lied wählen, das Ihrem Kind gefällt, können Sie ein gemeinsames Lied absprechen. So kann es selbst wählen, welches Lied es am Morgen am liebsten hören möchte. Wollen Sie nicht selbst singen, können Sie alternativ ein Lied im Hintergrund abspielen.

Anregung: Zahnputzgeschichte

Waschen und Zähneputzen gehören bei vielen Kindern nicht zu den liebsten Beschäftigungen. Werden diese Tätigkeiten als festes Ritual etabliert, kann das **Waschritual** an jedem Morgen gleich gestaltet werden. Ist das Waschritual fest eintrainiert, müssen Sie über das morgendliche Waschen und Zähneputzen in der Regel nicht mehr diskutieren. Um das Waschritual einzuführen, ist es wichtig, dass Sie darauf achten, immer die gleiche Reihenfolge einzuhalten, damit sich Ihr Kind daran orientieren kann und immer weiß, welcher Schritt als Nächstes folgt. Während des Zähneputzens können Sie Ihrem Kind dann die eine Zahnputzgeschichte erzählen. Dauern die Geschichten drei Minuten, weiß Ihr Kind exakt, wie lange es seine Zähne putzen muss.

Tipp

Neben Zahnputzgeschichten gibt es auch viele Hörspiele für Kinder, die sich mit diesem Thema befassen. Haben Sie morgens selbst Schwierigkeiten, in den Tag zu starten, können Sie Ihr Kind daher auch beim Zähneputzen mithilfe eines Hörspiels begleiten.

Gruppenkontext

Ideen für den Gruppenkontext – Kindergartenalter

Anregung: Morgenkreis

Im Rahmen des Morgenkreises haben Kinder die Chance, mithilfe eines wiederkehrenden **Morgenrituals** im Tag anzukommen. Hierbei sind der zeitliche Rahmen und der Ablauf an jedem Tag gleich. Zudem erleichtert der Morgenkreis den Abschied von den Eltern. Daneben kann die Durchführung des Morgenkreises Ihrem Kind dabei helfen, die Sinne aufzuwecken und es zum Sprechen, Singen und Bewegen zu motivieren. Für den Beginn des Morgenkreises starten Sie als Fachkraft zunächst mit einem Begrüßungslied. Bevor der Morgenkreis beginnt, sollten Sie darauf warten, dass alle Kinder eingetroffen sind. So lange dürfen sich alle wartenden Kinder mit den Spielzeugen austoben.

Beispiel: Die Natur erwacht

Dauer: 20 bis 25 Minuten
Teilnehmeranzahl: bis 25 Kinder
Ort: im Kindergarten-Garten (ersatzweise im Park/Wald)
Material: Seifenblasen

Ziele: Bewusstes Wahrnehmen, Bewegung-Lern-Verbindung, Motivation zur Kommunikation
Inhalt: Lied, Bewegungsangebot, Abschlussspiel

Hinführungsphase: Lied „Groß ist die Sonne"
Groß ist die Sonne (mit beiden Armen eine große Sonne formen)
hell und warm ihr Schein (mit den Händen sanft über die eigenen Arme streichen)
Niemand möchte ohne die Sonne sein.
Eine dicke Wolke hat sie zugedeckt (mit den Händen das Gesicht abdecken)
doch dann ruft sie (die Finger spreizen, sodass man durch die vorgehaltenen Hände blinzeln kann): „Ha, da bin ich! (die Hände vor dem Gesicht wegziehen)
Ich hab mich nur versteckt!"

Durchführungsphase:
Bewegungsangebot „Wir wecken die Bäume & Pflanzen"
Nach der langen und dunklen Winterzeit kommt nun langsam der Frühling und bringt die ersten Sonnenstrahlen mit. Man kann die Vögel zwitschern hören und sieht die ersten Bienchen fliegen. Die Sonne wird stärker und wenn man die Augen schließt, kann man die Sonnenstrahlen schon intensiv auf der Haut spüren. Damit die Natur auch so richtig erwachen kann, können Sie mit den Kindern im Garten auf Entdeckungsreise gehen und nach Frühlings-Hinweisen suchen. Während der Suche können die Kinder nun die Bäume und Pflanzen ‚wecken'. Hierbei bewegen sich die Kinder frei im Garten, umarmen und streicheln die Bäume und rütteln sanft an Zweigen und Hecken. Beim Wecken der Pflanzen können die Kinder vielleicht schon die ersten Knospen entdecken und diese ebenfalls vorsichtig aufwecken. Erläutern Sie dabei, dass diese Knospen nun bald aufstehen bzw. aufbrechen werden und sich Blätter und Blüten entfalten.

Abschlussphase: Seifenblasen

Zum Abschluss können die Kinder dann wieder einen Kreis bilden, in dessen Mitte Sie eine Flasche Seifenblasen stellen. Beginnen Sie selbst damit, dass Sie einen von Ihnen entdeckten Frühlingshinweis oder eine geweckte Pflanze nennen und anschließend einige Seifenblasen pusten. Die Kinder können sich nun der Reihe nach ebenfalls mitteilen und anschließend Seifenblasen pusten, wobei das vorige Kind immer das nächste Kind bestimmen darf.

Tipp

Damit die Kinder für den Tag noch mehr aktiviert werden, kann es empfehlenswert sein, wenn Lieder mit bestimmten Bewegungsabläufen kombiniert werden. Hierbei kann beispielsweise in die Hände geklatscht, auf den Boden gestampft oder einmal um die eigene Achse gedreht werden.

Anregung: Kreis- und Tanzspiel

Dieses Bewegungsspiel eignet sich als Ritual für die Aktivierung der Kinder innerhalb des Tagesablaufs. Daher können Sie es sowohl im Morgenkreis als auch im Verlauf des Tages einsetzen (zum Beispiel nach dem Mittagessen oder dem Mittagsschlaf). Entsprechend der Spiele leiten Sie die Kinder dabei durch das Vormachen an. Hierzu sollten Sie im Vorfeld mit den Kindern eine festgelegte Bewegung vereinbaren, damit jedes Kind weiß, was es machen soll. Bei der Durchführung unterstützt dieses Ritual zudem dabei, die Motorik zu schulen und die Körperwahrnehmung zu verbessern.

Beispiel:

Alles friert

Dauer: 20 Minuten
Teilnehmeranzahl: bis 20 Kinder
Material: Perlen, die in Eiswürfel eingefroren wurden, Musik
Ort: im Gruppenraum

Ziele: Bewusstes Wahrnehmen, Bewegung-Lern-Verbindung, Motivation zur Kommunikation, Motorik, Kreativität, Ehrgeiz, Körpergefühl
Inhalt: Spiel, Bewegungsangebot, Bewegungsspiel

Hinführungsphase: Spiel „Ich schmelze"
Zu Beginn dieses Spiels verteilen sich die Kinder willkürlich im Raum und nehmen eine für sie lustige Pose ein. Nun lassen Sie alle Kinder zu Eisstatuen gefrieren. Die Kinder dürfen sich nicht mehr bewegen und sind starr gefroren. Nun erzählen Sie den Kindern, dass langsam die Sonne herauskommt. Die Sonnenstrahlen kitzeln auf Ihrer Haut und erwärmen langsam Stück für Stück Teile des Körpers.

Beispiel: Die Sonne wärmt langsam die Finger auf, das Eis schmilzt und die Kinder können ihre Finger wieder bewegen. Anschließend fallen die Sonnenstrahlen auf die Köpfe der Kinder und auch dort beginnt langsam, das Eis zu schmelzen, bis sie auch diese wieder drehen und heben können.

An beliebiger Stelle in Ihrer Erzählung schiebt sich jedoch eine Wolke vor die Sonne und es wird wieder kälter, sodass einzelne Körperteile der Kinder Stück für Stück wieder einfrieren. Dieses Spiel können Sie beliebig lang spielen und damit enden lassen, dass die Kinder zum Schluss vollständig aufgetaut sind.

Durchführungsphase: Bewegungsangebot „Eiswürfel schmelzen"
Teilen Sie die Kinder in Kleingruppen oder Teams ein. Nun verteilen Sie an jedes Team einen der vorbereiteten Eiswürfel, in dessen Kern eine Perle eingefroren ist. Jedes Team hat nun die Aufgabe, seinen Eiswürfel möglichst schnell und effektiv zum Schmelzen zu bringen.

Versuchen Sie hierbei, möglichst wenig Hilfestellung zu geben und nur im Notfall hilfreiche Denkanstöße zu äußern, wie beispielsweise: „Wie könnte man denn Wärme erzeugen?"

Je nach räumlichen Gegebenheiten können Sie die Lösungssuche auf den Gruppenraum beschränken oder aber den Kindern auch andere Bereiche, wie den Garten, die Garderobe oder das Badezimmer, eröffnen.

Das Team, das seine Perle als Erstes aus dem Eis herausgeschmolzen hat, hat gewonnen.

Reflektierend können Sie anschließend noch gemeinsam mit den Kindern im Sitzkreis besprechen, wie die jeweiligen Gruppen das Eis schmelzen lassen haben.

Abschlussphase: Bewegungsspiel „Blitzeis"

Zum Abschluss verteilen sich die Kinder wieder beliebig im Raum und können sich frei zu einer von Ihnen ausgesuchten Musik bewegen und tanzen. Schalten Sie nun ganz plötzlich die Musik aus und rufen Sie laut „Blitzeis". Die Kinder müssen nun sofort einfrieren und dürfen sich nicht mehr bewegen.

Nachdem alle Kinder gefroren sind, können Sie die Musik wieder starten und die Kinder tauen auf und tanzen weiter.

Spielideen für den Gruppenkontext – Grundschulalter bis 12 Jahre

Anregung: Der akustische Start in den Tag
Um den Kindern den Start in den Schultag zu erleichtern, können Sie mit einem **akustischen Ritual** nachhelfen.

Umsetzung:
Zunächst verdunkeln Sie den Raum etwas, um eine ruhige Atmosphäre zu schaffen. Dann können Sie ergänzend ein ruhiges Instrumentallied anschalten. Vorher geben Sie den Kindern den Auftrag, die Arme verschränkt auf den Tisch zu legen, ihre Augen zu schließen und den Kopf auf den Armen abzulegen. Nachdem alle Kinder ihren Kopf abgelegt haben, gehen Sie leise durch den Raum, während das Instrumentallied im Hintergrund abgespielt wird. Währenddessen tippen Sie von Kind zu Kind nacheinander leicht auf die Schulter. Jedes angetippte Kind darf sich langsam, aber still aufrichten. Nachdem Sie alle Kinder angetippt haben, erhellen Sie den Raum und begrüßen Ihre Schüler erneut freundlich.

Während des Abspielens der Musik hat diese den Effekt, dass sich die Kinder auf sich fokussieren können, bevor sie dem Schulstoff folgen müssen.

Tipp
Bevor Sie mit dem Ritual beginnen, sollten Sie die Kinder darauf hinweisen, dass Sie sie an der Schulter antippen werden und sie sich im Anschluss leise und ohne Unterhaltung aufrichten dürfen.

Anregung: Wochenausgangsritual „warme Dusche"

Das **Wochenausgangsritual** eignet sich besonders gut, um das Ende der Woche zu signalisieren. Hierzu wählen Sie mehrere Kinder aus, die von ihren Mitschülern eine „warme Dusche" erhalten. Bei der Auswahl der Kinder sollten Sie darauf achten, dass Sie sich notieren, wer bereits an der Reihe war, um in der darauffolgenden Woche ein anderes Kind auszuwählen. Für die Umsetzung platzieren Sie alle Schüler in einem Sitzkreis. Die ausgewählten Kinder dürfen sich in der Mitte des Kreises platzieren. Eines der Kinder in der Mitte wird so platziert, dass ersichtlich ist, dass es gerade an der Reihe ist. Im Anschluss dürfen alle Kinder im äußeren Sitzkreis etwas Positives über dieses Kind sagen. Dabei gilt als Regel, dass die Botschaften angenehm und schön für das Kind sein sollen.

Bei der Durchführung stärkt das Ritual das Selbstwertgefühl der Kinder. Damit es den Kindern leichter fällt, können Sie im Vorfeld an der Tafel oder in anderer Form mögliche Formulierungen anbieten, welche die Kinder bei der Auswahl ihrer Botschaften unterstützen können.

Beispiele:

- „Ich finde super, dass du ..."
- „Du kannst stolz auf dich sein, weil ..."
- „Mich hat beeindruckt, dass ..."
- „Du hast ein Lob verdient, weil ..."
- „Du gibst dir viel Mühe bei ..."
- „Du kannst besonders ..."
- „Ich finde dich toll, weil ..."
- „Wir sind gute Freunde, weil ..."

Tipp

Sollte es Ihren Schülern leichter fallen, ihre Botschaften aufzuschreiben, kann das Ritual abgewandelt werden. Hierzu wird das Kind, das die „warme Dusche" erhalten soll, so platziert, dass es alle anderen Kinder sehen kann. Dann bitten Sie die anderen Mitschüler, eine nette Botschaft aufzuschreiben. Diese sammeln Sie im Anschluss ein. Je nachdem, wie gut das Leseverhalten ausgeprägt ist, kann das Kind die Botschaften selbst laut vorlesen oder selbige von Ihnen vorlesen lassen. Bevor Sie dem Kind den jeweiligen Zettel aushändigen, sollten Sie einen kurzen Blick auf die Nachricht werfen, da es bei dieser Methode vorkommen kann, dass sich der ein oder andere Schüler einen Spaß erlaubt.

Auf einen Blick:

Das sollten Sie über Rituale wissen

Rituale helfen Ihnen im Alltag sowie bei der Betreuung Ihres Kindes. Konkret unterstützen Sie dabei bei den nachfolgenden Faktoren:

Rituale ...

- tragen dazu bei, dass Ihrem Kind der Erwerb der Sprache leichter fällt.
- fördern das Lernen und unterstützen die Ausbildung der Konzentration.
- fördern die Selbstständigkeit und setzen für Ihr Kind Regeln und Grenzen.
- schaffen innerhalb der Welt Ihres Kindes Ordnung und Orientierung.
- helfen Ihrem Kind, sich besser in der Welt zurechtzufinden, da sie ihm Halt und Geborgenheit bieten.
- reduzieren Ängste und können Ihr Kind bei der Bewältigung von Krisen unterstützen.

Beispiele für Rituale, auf die sich Ihr Kind verlassen kann

- Familien brauchen feste Regeln, Rituale und Strukturen. Hierzu sollten Sie Ihren **Tagesablauf** fest strukturieren.
- Werden Regeln verletzt, sollten Sie dafür sorgen, dass die Regelverletzung **Sanktionen** mit sich bringt. Damit Ihr Kind eine Chance hat, die angekündigten Sanktionen zu vermeiden, sollte es diese im Vorfeld kennen.
- **gemeinsame Mahlzeiten**.

Anregungen für Rituale:

o Guten-Morgen-Ritual: Damit Ihr Kind besser aus dem Bett kommt, kann ein Guten-Morgen-Ritual eingeführt werden. Beginnt der Tag Ihres Kindes immer gleich, bietet ihm dies einen sicheren Orientierungsrahmen, in dem es interagieren kann. Singen Sie Ihrem Kind beispielsweise am Morgen zum Aufwachen ein Guten-Morgen-Lied vor oder flüstern Sie ihm liebevoll ins Ohr, um es aufzuwecken. Alternativ können Sie Ihr Kind durch ein leichtes Kitzeln wecken oder das Kuscheltier die Aufgabe des Weckens übernehmen lassen. Darüber hinaus können Sie Ihrem Kind ins Ohr flüstern, welche tollen Ereignisse am jeweiligen Tag anstehen.

o Ritual zum Zähneputzen: Die meisten Kinder mögen das Waschen und Zähneputzen nicht besonders. Aus diesem Grund ist es wichtig, dass Sie Ihrem Kind diese Tätigkeiten erleichtern. Halten Sie deshalb von klein auf eine feste Reihenfolge ein, wenn es um Abläufe nach dem Aufstehen beziehungsweise vor dem Schlafengehen geht. Auf diese Weise werden sich die ungeliebten Tätigkeiten als feste Routinen etablieren, sodass Ihr Kind über das Ausführen nicht mehr nachdenken muss. Zudem können Sie beim Zähneputzen eine Geschichte erzählen, bei der die Zahnbürste beispielsweise die fiesen Bakterien jagt. Beim Eincremen des Gesichts können Sie beispielsweise Verse aufsagen, damit die Tätigkeit spielerisch ablaufen kann. Zudem wäre eine lustig gestaltete Sanduhr denkbar oder ein Lied, das so lange dauert, wie Ihr Kind Zähne putzen soll.

o Abschiedsrituale: Besonders schwierig fällt Kindern häufig das Trennen von Mama und Papa. Wenn Sie sich hier eines festen Abschiedsrituals bedienen, können Sie Ihrem Kind den Abschied erleichtern. Legen Sie beispielsweise fest, dass Sie Ihr Kind zum Abschied vor dem Kindergarten oder der Schule nochmals fest in den Arm nehmen. Teilen Sie ihm mit, dass Sie sich auf den Nachmittag freuen, wenn es wieder nach Hause kommt. Führen Sie beispielsweise einen Nasenkuss ein oder schneiden Sie sich zum Abschied Grimassen, um sich voneinander zu verabschieden. Fällt es Ihrem Kind besonders schwer, Abschied zu nehmen, können Sie sich gegenseitig ein kleines Herz an einer versteckten Stelle malen (zum Beispiel auf dem Arm oder einer kleinen Zettelbotschaft, die im Rucksack verstaut werden kann), die Ihr Kind daran erinnert, dass es geliebt wird und Mama und Papa immer da sind.

o Gute-Nacht-Ritual: Ein liebevolles Abendritual erleichtert es Ihrem Kind, in den Schlaf zu finden. Auch hier sollten Sie darauf achten, dass Sie das Ritual zu einer immer gleichbleibenden Zeit beginnen. Schalten Sie Geräte wie Fernseher und Radio aus und gestalten Sie die Stimmung bewusst ruhiger. Machen Sie beispielsweise eine CD mit Naturgeräuschen an oder lassen Sie Entspannungsmusik für Kinder im Hintergrund laufen. Möchte Ihr Kind noch etwas spielen, eignen sich Puzzle beispielsweise gut, um Ruhe zu finden. Zudem können Sie sich gemeinsam mit Ihrem Kind ein Buch anschauen oder ihm etwas vorlesen.

Weitere Tipps:

- Um zu bestehen, müssen Rituale regelmäßig verändert und an die Bedürfnisse angepasst werden.
- Rituale erleichtern Übergänge. Stehen beispielsweise Wechsel in der Betreuung (von zu Hause in den Kindergarten oder zur Tagesmutter) an, kann der Einsatz von Ritualen diese erleichtern.

Der Schlüssel für ein selbstbestimmtes Leben

Da Kinder meist noch nicht in der Lage sind, ihre eigenen Gefühle selbstständig zu regulieren, ist es wichtig, dass sie beim Erlernen eines angemessenen Umgangs mit den eigenen Gefühlen unterstützt werden. Die Grundlage für ebendiesen Lernprozess bildet die sichere Bindung zu den Eltern. Dies liegt darin begründet, dass Kinder gute Vorbilder benötigen, an denen sie sich im Verlauf ihres Entwicklungsprozesses sicher orientieren können. Auf diese Weise können Kinder lernen, schwierige Situationen zu bewältigen und das von Vorbildern Erlernte gezielt einzusetzen.

Damit die Selbstregulation Ihres Kindes sich innerhalb seiner Entwicklung ordnungsgemäß entwickelt, ist es auf Ihre Hilfe angewiesen, weshalb ein spielerisches Training der Selbstregulation Ihres Kindes wichtig ist. Kinder lernen bereits in jungen Jahren, ihre eigenen Gefühle und Handlungen bewusst zu steuern und zu kontrollieren. Diese Fähigkeit ist vor allem vor dem Hintergrund schulischer Lernprozesse ein unweigerlicher und nützlicher Bestandteil. Ist die Selbstregulation nur unzureichend ausgebildet, kann dies zu Schwierigkeiten im Bereich der Aufmerksamkeit, Konzentration sowie im Verlauf von Lernprozessen im Allgemeinen führen. Insbesondere Babys und Kleinkinder sind aufgrund ihrer noch nicht ausreichend ausgeprägten Selbstregulation darauf angewiesen, bei der Regulation ihrer Gefühle und Handlungen durch ihre Bezugspersonen unterstützt zu werden. Grundsätzlich gilt daher, dass Eltern ihre Kinder mit Geduld und Ausdauer beim Aufbau sowie Erwerb der Selbstregulationsfähigkeit unterstützen können. Der Grundstein für die Fähigkeit zur Selbstregulation wird dabei innerhalb der ersten drei Lebensjahre gelegt. Gerade in dieser Phase sind Kinder darauf angewiesen, durch ihre Bezugspersonen Co-reguliert zu werden, um ihre eigenen Bedürfnisse nach Hunger, Nähe und Durst zu befriedigen. Diese Co-Regulation ist nicht zuletzt aufgrund der Ermangelung der Sprachkompetenz von Kindern nötig. Durch die Co-Regulation gelingt es dem Kind dabei, die eigenen Gefühle und Erfahrungen besser zu verarbeiten sowie die eigenen Impulse zu regulieren.

Bildet sich die Selbstregulation auf dieser Grundlage aus, wirkt sie sich positiv auf den Verlauf des späteren Lebens aus. Eine gute Selbstregulation reduziert dabei die Entstehung sowie das Vorhandensein von Stress und sorgt innerhalb des Berufslebens dafür, dass neue Fähigkeiten erlernt werden können. Vor dem Hintergrund der menschlichen Entwicklung ist die Selbstregulation der Schlüssel für ein glückliches und selbstbestimmtes sowie ein zufriedenes Leben. Darüber hinaus stellt die Fähigkeit zur Selbstregulation innerhalb moderner Gesellschaften eine Schlüsselqualifikation dar, die die lebenslange Lernfähigkeit erhält sowie selbstständige Lernprozesse fördert, die für eine erfolgreiche Existenz innerhalb von Gesellschaften, die sich im Wandel befinden, ein unabdingbarer Bestandteil sind. Grundsätzlich sollte dabei beachtet werden, dass eine einmal erlernte Selbstregulation nicht für immer erhalten bleibt. Sie verändert sich im Verlauf eines Lebens. Das liegt nicht zuletzt daran, dass das menschliche Gehirn im Laufe des Lebens anpassungsfähig bleibt. Die gute Nachricht: Diese Eigenschaft des menschlichen Gehirns sorgt dafür, dass die Fähigkeit zur Selbstregulation im Verlauf eines Lebens auch im Erwachsenenalter erlernbar sowie trainierbar bleibt.